TRANSFORMATIVE SCENARIO PLANNING
Working Together to Change the Future

社会変革のシナリオ・プランニング

対立を乗り越え、ともに難題を解決する

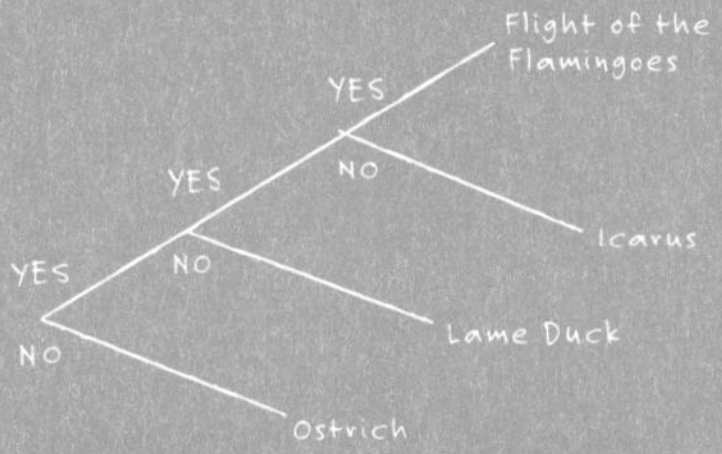

アダム・カヘン 著
Adam Kahane
小田理一郎 監訳
東出顕子 訳

英治出版

社会変革のシナリオ・プランニング

対立を乗り越え、ともに難題を解決する

Transformative Scenario Planning

Working Together to Change the Future

by

Adam Kahane

Japanese translation rights arranged with

Berrett-Koehler Publishers, San Francisco, California

through Tuttle-Mori Agency, Inc., Tokyo

ドロシーに

日本語版への序文

「我々の時代の最悪の現実というものは、つくられた現実だ。したがって、この宇宙の創造的な参加者として、我々の務めは世界を再び思い描くことである。想像力をもっているということは、何でも再び思い描けるということだ。一つの現実にはそのほかの複数の可能性がある。幸い人間は変容の必要性にはこと欠かない」

――ベン・オクリ（ナイジェリア人作家）

私たちは可能性が狭められた時代に生きている。未来は限定され、お先真っ暗のように見える。私たちは社会のシステムを、あるいはお互いを信頼していない。現実に圧倒され、怖気づいている。身の回りで、自分たちの間で何が起きているかというストーリーは、もはや私たちが前進する道を見つけ出す助けにならない。

これまで二〇年以上、ビジネス、政府、市民社会の前進する道を模索しているリーダーたちのチームと一緒に世界中で仕事をしてきた。前述のような今の時代の特徴的な現象をさまざまな形で見た。何度も訪ねたことがあるすばらしい国、日本も含めて、至るところで見てきた。

コロンビアの元ゲリラで今は和平活動をしているフランシスコ・ガランが私にこう言った。
「自分の国について同じストーリーを繰り返し語っていれば、同じことをやりつづけるばかりで、うまくいくわけもない。ところが、みんなこの繰り返しの中毒になっている！　同じストーリーはいい加減やめにしよう。私たちには新しいストーリーが必要なんだ」

変容型《トランスフォーマティブ》シナリオ・プランニングは、新しいストーリーをつくる方法の一つだ。それは、ある社会システムで起こりうることを探求するための体系的、創造的な手法である。これから起こるべきこと（ビジョン）や起こるだろうこと（予測）のストーリーを一つだけ作成するのではなく、これから起こる可能性があること（シナリオ）に焦点をあてて複数のストーリーを作成することで、地に足がついていながら、新しい何かを生み出す行動を引き出す効果がある。

変容型シナリオ・プランニングは、従来の適応型《アダプティブ》シナリオ・プランニングとは二つの点で決定的に異なり、その二点で適応型の不足を補うものだ。第一に、システムの観察者や評論家だけでなく、システム全体を代表するリーダーたちが参加する点。その結果、システムの断片化や分裂を克服し、システム横断で理解と意図を築くのに役立つ。第二に、この共通の理解と意図を築くことをとおして、システムの未来に影響を及ぼすことを目的とする点だ。単に未来に適応することが目的ではない。変容型シナリオ・プランニングなら、私たちの思考、関係、行動を変えることができ、それによって——協力して一緒に活動することで——自分たちが構成するシステムを変えることができる。

ネルソン・マンデラは「長引く対立の影響の一つは、何が可能かというビジョンの幅を狭めてしまうことだ」と述べている。変容型シナリオ・プランニングは、何が可能かという意識を広げる。それによって、私たちの絶望感や無力感を乗り越えやすくなる。よりよい未来を共創できるようにしてくれるのだ。

最後に、日本語版を出版するにあたり支援してくださった小田理一郎氏と原田英治氏にお礼を申し上げたい。日本のみなさまがよりよい未来を共創するのに本書がお役に立てることを願っている。

アダム・カヘン

二〇一四年六月、モントリオールにて

社会変革のシナリオ・プランニング◈目次

序文

キース・ヴァン・デル・ハイデン

世の中が慌しく、不確かになるたびに、シナリオ・プランニングの人気が高まる。この経験的事実は驚くことではない。シナリオ・プランニングは、そもそも不確実性が支配する状況の診断ツールである。経験上、このツールが期待に反しないことはわかっている。つまり、シナリオ・プランニングをやってみると、たいていの場合、人は自分が直面している厄介な状況について「なるほど！」という瞬間を体験するのだ。そうでありながら、シナリオの利用者《クライアント》は不満足な気持ちで取り残されることが少なくない。シナリオ演習の成果から現実の行動に直接移行するのは難しいように思われるからだ。せっかく重要な新しい洞察が得られても、シナリオ作成者が日常の仕事の場面に戻れば、身の回りには古い論理がはびこり、新たな洞察がやすやすと対抗できることはあまりないようだ。自身の周辺の問題をめぐって不安がある場合、人は「問題ある状況*」に取り組んだら、もっと直接的な手ごたえを得たいと思うものだ。

---

* 関係者たちがみな不満を持つが、何が問題かについては意見が一致しない状況。

アダム・カヘンは、シナリオ・プランニングには改良の余地があると考えている。彼は、現在の実践の限界を探り、大きくなるいっぽうの問題がどんどん増えていくにもかかわらず、今のところは私たちが適切に対応できないでいる世界で、この限界をどうすれば克服できるかを探求してきた。彼の結論は、その単純明快さと妥当性ゆえに力強い。彼の観察によれば、状況の合理的な診断を見出し、共有することが、的確な対処行動の鍵を握る要素ではあるものの、それだけでは、たいてい変化を起こすには不十分だという。そして、あと二つシナリオ・ワークに含めるべき重要な要素を指摘する。そうすれば、激動の世界で実際に何かに対処するときにシナリオ・ワークの貢献度がもっと高くなるという。その二つとは、（一）私たちの時代の大きな問題は、人の個人的なアイデンティティと価値観の中核と一体化して我が事となる必要があること、（二）増大する混乱に対抗するには、自律的なシステムの力を結集することにもっと努力を集中しなければならないことである。

アダム・カヘンの理論は、社会システム論の長い伝統を継承するものだ。一九六〇年代、心理学者のエメリーとトリストが、大きな変化は私たちの対処能力への自信を低下させるという「乱気流環境」の概念を紹介した。物理学者のプリゴジンは、混乱の増加が体験されるのは、流動性を増していく人々が近接して住み、お互いに影響を及ぼすにつれて環境における結合性の密度が増す結果だと説明した。結びつきが増すということは、閉じたフィードバック・ループが増えるということであり、したがって正のフィードバック・ループも増え、自己強化型の変化を引き起こす。最近の金融危機はその一例にすぎない。

オックスフォード大学サイード・ビジネス・スクールで、私たちはこの一連の思考を研究してきた。この研究は、現在も継続中の「オックスフォード未来フォーラム」という一連の会議で交わされた議論を背景として刊行されている。私たちの研究の結論は、乱気流環境で生き残るには、その激動の変化をそもそも生み出しているのと同じシステムの力を結集することに基づいた新しい対応が必要だということだ。何かに対処しようとするなら、同類でもって同類を制さなければならないのだ。つまり、対処を成功させるには、私たちの体験する混乱を引き起こしている破壊的な自己強化型ループに対抗できるだけのフィードバック・ループを環境につくりださなければならない。アダム・カヘンは、これをシナリオ・ワークによってまかれた種が増殖し、広がっていくと表現している。彼の内省的な実践における長年の観察は、理論がここで示唆していることを裏付けるものである。

以上をまとめておこう。激動の世界では、対処を成功させるには三つの焦点領域での活動が必要である。(一) 状況とその文脈《コンテクスト》のシステム的な診断、(二) 自己強化型の対処行動を可能にするネットワークの発達、(三) プロジェクトへの個人的な一体感。シナリオ・プランニングが診断ツールとして卓越していることは証明済みである。進展していく乱気流環境に意識的に対処するには、シナリオ・プランニングに加えて、今や自己誘発型のネットワークの発達と個人の価値観も重視する必要があることをアダム・カヘンは明らかにする。

本書は、こうした問題をテーマとして取り上げ、私たちが個人としても組織としても注目すべき、実践の世界で生まれた考えを紹介している。世界には二つの選択肢がある。一つは、事態が切羽詰まったら、私たちが、あるいは次の世代が何かうまい逃げ道を見つけるだろうと期待し、信じながら待つこと。もう一つは、率先して対処能力を向上させて変化の方向を予期し、方向そのものを変えようと努力すること。もし後者を選ぶなら、アダム・カヘンが重要な視点を与えてくれるだろう。

はじめに

私たち一人ひとりが、それぞれの状況で、未来にどう対処するかを選ばなければならない。身の回りで起きていることを受け入れて、それに自分を適応させようとすることもある。起きていることに立ち向かい、それを変えようとすることもある。これこそが、〝ラインホルド・ニーバーの祈り〟として親しまれている「主よ、変えられないものを受け入れる心の静けさと、変えられるものを変える勇気と、その両者を見分ける英知を与え給え」という名言に表現されている選択なのだ。

もし、未来を変える努力をすることを選ぶなら、どうやって変えるのかも選ばなければならない。たいていは、突き進むことを選ぶ。物事はこうあるべきという考えをもち、実施に必要な資源《リソース》――論拠、権威、支持者、金、武器――を結集して、その実現を図る。しかし、往々にして強引に押せば、だれかに押し返される。そしてフラストレーションがたまり、疲れ果て、行き詰まるという結末になる。ありとあらゆる種類の社会システム――家族、チーム、コミュニティ、組織、国家――において、私たちは何度も何度もそんな身動きのとれない状況に遭遇する。

本書は、未来を変える努力をすることを選んだものの、一方的には変えられないと実感している人たちのために書いた。自分の住む都市や国の、あるいは世界の未来を変えようとしている人たち。健康、教育、経済、環境の問題に取り組んでいる人たち。ビジネスや政府や市民社会の立場から行動している人たち。本書は、こうした人たち、すなわち、だれかと――友人や仲間だけでなく、見知らぬ人や敵対する人とも――ともに行動して、行き詰まりから脱し、前進し、変化を創造する方法を模索している人たちに読んでほしい。

私自身がそんな新しい未来への取り組み方をおぼろげながら初めて目にしたのは二〇年前、南アフリカがアパルトヘイトを撤廃して新体制に移行しようとしているときだった。黒人と白人、左派と右派、反体制側と体制側、南アフリカ社会のあらゆる部分のリーダーが集まったチームと思いがけず急に仕事をすることになったのだ。自国にとってよりよい未来を築こうとしている人たちだった。そのとき私は見たのだ。彼らがやっていること、そのやり方に、この新しい未来への取り組み方のイメージをちらりと、だが、はっきりと見たのだ――稲妻で一瞬だけ照らし出された夜景のように。何か重要なものを見たことはわかったが、それが何であり、どこからやってきて、どう効いたのかはよくわからなかった。この目で見たものを理解することに私は二〇年を費やしてきた。その報告が本書である。

この二〇年、私と同僚は、協力して未来を変えようとしている人たちで構成される何百ものチームと一緒に仕事をしてきた。現代の深刻で困難な課題と闘ってきたチームだ。課題は保健医療から経済開発、子どもの栄養、司法改革、ソーシャル・インクルージョン*、食糧安全保障、気候変動まで多岐にわたり、地域もアメリカ、ヨーロッパ、中東、アフリカ、アジア、オーストラリアとさまざまだ。チームのメンバーには、政治家もいれば、農民、社会運動家、芸術家、学者、ビジネス関係者、労働組合員、公務員もいるし、コミュニティや若者、先住民、宗教組織のリーダーもいる。ローカルなチームもあれば、グローバルなチームもある。数日の活動もあれば、数年がかりの活動もある。状況を変えることに成功したチームもあれば、失敗したチームもある。

これらの経験をとおして、変えたいと思う状況にいる人たちが――行き詰まりから脱し、前進するためにお互いが必要だが、お互いを理解せず、お互いの意見が一致せず、お互いを信頼していない人たちが――協力して行動し、その状況の変化に創造的に影響を及ぼすことは**可能である**ということを私は学んだ。そして、このアプローチが何であり、なぜ必要で、どうすればうまくいくかも学んだ。

私と同僚は、この新しいアプローチを「変容型《トランスフォーマティブ》シナリオ・プランニング」と呼んでいる。その目的は、協力して未来を変えようとしている人たちが、身を置いている状況の変化に適応するのではなく、状況を**変容**（**transform**）させられるようにすることだ。必然的に少しずつ変わる

＊　社会的包摂。社会的排除や摩擦を受け孤立する人々を援護し、公的扶助や職業訓練、就労機会の提供などを通じて社会的なつながりのなかに内包し、ともに地域社会の構成員として支えあうこと。

変化や一時的な変化ではなく、イモ虫が蝶になるような状況の劇的な変化を引き起こす。この変容を起こすには、私たち自身の考え方や行動や人間関係を変容させなければならない。変容型シナリオ・プランニングは、ある状況で起こりうる未来の**シナリオ**をつくることに重点を置いているが、確立された適応型《アダプティブ》シナリオ・プランニングの手法を使いながらも、発想はがらりと変えたものだ。シナリオをつくるのは、未来を理解するためだけではなく、未来に影響を及ぼすためなのだ[1]。**プランニング**が必要だが、プランを書いて、それに従うという意味ではない。一連のルールに従って未来をともに考えるプロセスに参加し、それに応じて行動を変えるという意味だ。

　変容型シナリオ・プランニングは、共同作業で未来を変えるための新しい方法である。この新手法はシンプルだが、楽ではないし、単純明快でもないし、うまくいく保証もない。後述する五つのステップを学ぶことが必要だが、おそらくもっと大切なこととして、私たちが構成する状況や取り巻く関係者のお互いに対して、どうアプローチするかが、深遠かつ微妙に変化することも必要だ。何よりも必要なのは実践、そう体験学習だ。本書を読めば、この新しい方法の概要がわかる。あなたも実践してみてはいかがだろうか。

第1章

必要に迫られて生まれた発明

一九九一年九月、ある晴れた金曜日の午後、私はケープタウン郊外のワイン産地の山中にあるモン・フルー・カンファレンス・センターに到着した。そこにいることに気持ちが高ぶり、これから何が起こるのだろうと興味津々だった。その週末がどれほど意義深いものになるか、まだ想像すらしていなかった。

シナリオ・プランニング法、南アフリカの変革に出会う

前年の一九九〇年二月、南アフリカ大統領、F・W・デクラークは予期せぬ発表をした。ネルソン・マンデラを二七年間の獄中生活から釈放し、マンデラ率いるアフリカ民族会議（ANC）など対立政党を合法化し、政治体制の移行について話し合いを開始するというのだ。さかのぼって

一九四八年、白人少数派政府は黒人多数派を抑圧する人種隔離政策であるアパルトヘイト体制を敷き、一九七〇年代、一九八〇年代は政府と反体制派の血なまぐさい対決が激化した。国連から「人道に対する罪」と断罪されたアパルトヘイト体制は、世界中の非難、抗議、制裁の的となった。

デクラークの発表によって、前例がなく、予測もできない国家の変容プロセスが始まった。毎月、大きな前進もあれば、挫折もあった――政治家、コミュニティ活動家、教会指導者、実業家の宣言と要求、大衆運動のデモと支配権を取り戻そうとする警察や軍隊、そして大小、公式・非公式、公開・非公開を問わず、あらゆる種類の交渉会議。

南アフリカ国民は沸き立ち、悩み、混乱した。物事がかつてのままではいられないことはわかっていたが、未来がどうあるべきかをめぐっては激しく、時には暴力的に意見が対立した。平和的に変われるのか、できるとしたらどうやって変われるのか、だれにもわからなかった。

ANCと提携関係にあったウェスタンケープ大学のピーター・ル・ルー教授とヴィンセント・マファイ教授は、国の新生リーダーたちを集めた多様なグループを編成して、現状に替わる社会モデルを話し合えば有益だろうと考えた。そして、そのためには多国籍石油会社のロイヤル・ダッチ・シェルで開発されたシナリオ・プランニング法、起こりうる未来の複数のストーリーを体系的に組み立てる手法が効果的ではないかと思いついた。当時、私はシェルのロンドン本社のシナリオ・プランニング部門で働いていた。その私にル・ルーから彼が招集するグループのミーティングをリードしてもらえないかと要請があった。私は大乗り気で引き受けた。その晴れた金曜日の午後、私がモン・フルーに到着したのは、こういういきさつだった。

シェルでの私の仕事は、会社のグローバルな政治的・経済的・社会的・環境的背景《コンテクスト》に対して起こりうる未来のシナリオを作成するチームを率いることだった。シェル幹部は、わがチームの作成したシナリオ、ならびにエネルギー市場の今後についてのシナリオを用いて、予測不可能な事業環境のなりゆきを理解し、より強固な企業戦略や事業計画を策定した。一九七二年、ピエール・ワックという傑出したフランス人プランニング・マネジャーが世界的な石油供給がかつてなく逼迫する可能性を含むシナリオを作成したとき以来、シェルはこの「適応型《アダプティブ》シナリオ・プランニング」法を使っていた。シナリオのような石油危機が実際に一九七三年に起こると、この石油産業を一変させる出来事を迅速に認識し対応したシェルは、国際石油資本七社〝セブン・シスターズ〟の最下位から上位に浮上した。シェルのシナリオ部門はこの手法を発展させていき、その後何年にもわたり、一九七九年の第二次石油危機、一九八六年の石油価格の大暴落、ソ連崩壊、イスラム急進主義の台頭、環境問題や社会問題に企業も責任を持つべきという圧力の増大などの環境変化を会社が予期し、それぞれに適応することに貢献した。(1)

私がシェルに入社したのは一九八八年、この洗練された未来への取り組み方を学びたくてのことだった。私の仕事は世界がどうなるかをできるだけ理解することであり、そのために、私は必要とあらばどこにでも出かけ、だれとでも話をしなければならなかった。私はシェルのシナリオ手法を二人の達人から学んだ。イギリス人鉱山技師のゲド・デイヴィスと、ワックが考案したアプローチを体系化したオランダ人経済学者のキース・ヴァン・デル・ハイデンである。一九九〇年、ヴァン・デル・ハイデンの後任にテキサス出身の弁護士でアメリカン・リーダーシップ・フォーラム（ＡＦＬ）を創設したジョセフ・ジャウォースキーが就いた。ＡＦＬは、米国六都市で運営されているコミュニティ・リーダーシップ開発プログラムである。ジャウォースキーはシェルがシナリオを使う目的についてこう考えた。未来を学習し、未来に適応するためだけでなく、リーダーシップを発揮して、未来を方向づけるためにもシナリオを使うべきだと。これは、シナリオは中立的で客観的でなければならないという根本的な前提に異議を唱えるものであり、私たちの部門に大いに議論を呼んだ。私は二つの立場の板ばさみになって悩んだ。

ワックは一九八〇年にシェルを引退し、南アフリカ最大の鉱業会社、アングロ・アメリカンのシナリオ・プランニングを率いるクレム・サンターのコンサルタントとして働きはじめた。サンターのチームは、同社が戦略を立てるにあたっての材料として南アフリカに起こりうる未来のシナリオを二つ作成した。交渉が政治的決着に至る「ハイ・ロード（正しい道）」と対立が内戦と国家の荒廃に至る「ロー・ロード（不正な道）」というシナリオだ(2)。一九八六年、アングロ・アメリカンはこの二つのシナリオを公表し、サンターが国中の何百人もの聴衆に向けて発表した。聴衆には、デクラークとその内閣、当時まだ獄中にいたマンデラが含まれていた。この二つのシナリオは、白人層がこの国は変わる必要があると考えはじめるきっかけとして重要な役割を果たした。

そして一九九〇年、デクラークは、ある面ではサンターの仕事に影響されて、予期せぬ発表を行ったのだ。一九九一年二月（ル・ルーが私に接触する前）、シェルの会議に出席するために私は初めて南アフリカに行った。その旅で、あるジョークを耳にした。南アフリカが直面している克服できそうにない課題と、この課題に協力して対処するために全力を挙げるという不可能な約束を表現したジョークだった。「わが国の圧倒されそうな問題に直面し」とジョークは始まり、こう続く。「我々には、現実的な選択か奇跡的な選択の二つしか選択肢がない。現実的な選択は、我々全員が膝まづき、天国から天使の一団が舞い降りて、我々に代わって問題を解決してくれますようにと祈ること。奇跡的な選択は、我々が話し合い、協力して、ともに前進する道を見つけること」。南アフリカ国民は、この奇跡的な選択を実行する方法を必要としていた。

モン・フルー・シナリオ演習

必要は発明の母なり。だから、初の変容型《トランスフォーマティブ》シナリオ・プランニングのプロジェクトが誕生したのも一九九一年当時の南アフリカがそれを絶大に必要としていたからだった(3)。ル・ルーとマファイの当初の考えは、ワックとサンターがアングロ・アメリカンで用意した体制側のシナリオ、およびワックが南アフリカ最大の金融サービス・グループ、オールド・ミューチュアルとともに取り組んだ次のシナリオ・プロジェクトに対して、反体制側からの答えを出すシナリオ一式を作成することだった。モン・フルー・プロジェクトの最初の名称は「左派による代替《オルタナティブ》シナリオ・プランニング演習」だった。

チームを招集して、こうしたシナリオを作成するにはどうしたらいいか、ル・ルーからアドバイスを求められたとき、私が提案したのは〝やっかいな輩たち〟、つまり既成概念にとらわれない挑戦的な視点から南アフリカの状況を見るようチームを刺激する人を何人かチームに入れることだった。それでル・ルーとウェスタンケープ大学の共催者たちはシェルとは違うやり方でチームを構成した。自分たちの組織から集めたスタッフでチームをつくるのではなく、新生・南アフリカの社会ー政治ー経済システム全体からあまねく、現職のリーダーたちと将来のリーダーたちを集めたのだ。ル・ルーたち主催者が独自に見抜いた重要ポイントは、こういう多様で傑出したチームなら、複雑な南アフリカの状況全体を理解できるだろうし、国全体に結論を発表するときにも信頼されるだろうということだった。そこで主催者たちは、洞察力に富み、影響力のある二二名に参加を要請した。政治家、実業家、労働組合員、学者、コミュニティ活動家と多彩な顔ぶれで、黒人も白人も、左派も右派も、反体制側も体制側もいた。通常では考えられないグループだった。参加者のなかには、この国の未来をめぐる長期戦で多大な犠牲を払った人たちもいた――投獄されたり、国外追放になったり、地下活動をしたりして。参加者の大部分が、見知らぬ者どうし、意見の食い違う者どうし、信頼できない者どうしだった。そして決然とした、意志の強固な人たちばかりだった。私はチームの面々に会うのを楽しみにしながらモン・フルーに到着したが、はたして彼らが協力し合えるものなのか、数々の事柄に合意できるものなのかについては疑いを抱いていた。

蓋を開けてみて驚いた。チームは和気あいあいとし、活気に満ちていた。アフリカーンス語の「アパルトヘイト（apartheid）」は「分離」を意味し、チームのほとんどのメンバーは、こんな刺激的でくつろいだ集まりで一緒になる機会はそれまでまったくなかったのだ。会議室の大きな四角いテーブルを囲んで、建物内のあちこちに散らばって少人数のワーキング・グループで、山歩きをしながら、花咲く庭のベンチで、地元産のワインでおいしい食事をしながら、チームは流れるように、創造的に話し合った。お互いに問いかけ、自身について話し、議論し、ジョークを飛ばした。そして多くの事柄で合意を形成した。私はうれしかった。

シナリオ・プランニングでは、これから起こるだろうと予測することや起こるべきだと信じていることではなく、これから起こる可能性があると思うことについてのみ語らなければならない。モン・フルーでは、この問いかけ方の微妙な違いのおかげで新しい会話が劇的に広がった。当初、チームは南アフリカの未来について三十通りのストーリーを考え出した。メンバーは、さまざまなシナリオを考え出すのを楽しんだ。自分が属する組織の公式見解とは対照的なストーリーながら、現実味があると結論づけたものもあれば、公式見解と一致するストーリーながら、ありそうもないと結論を出したものもあった。ＡＮＣの経済政策部門のトップ、トレヴァー・マニュエルは、ANCの「再分配《リディストリビューション》による成長」というスローガンの語呂合わせで、チリ型の「抑圧《リプレッション》による成長」というストーリーを提案した。「一入植者（白人）、一弾丸」をスローガンとする急進的なパンアフリカニスト会議（PAC）で経済政策を統率するモセブヤネ・マラツィは、中国の人民解放軍が反体制側の軍隊を救出にかけつけ、その支援で南アフリカ政府を打ち負かすという希望的ストーリーを語った。しかし、語るや否や、そんなことはありえないと悟って、着席し、このシナリオについて二度と言及することはなかった。

フリードリヒ・エーベルト財団（ドイツの社会民主主義的な政治財団、当プロジェクトの主な資金提供者）の職員であり、社会主義の全国鉱山労働者組合の元役員、ハワード・ガブリエルズは、このストーリーテリングの第一ラウンドの率直さについて次のように振り返っている。

> 最初にぎょっとしたことは、何の前触れもなく未来をのぞきこむことだった。当時、国の未来について一種の陶酔感があったにもかかわらず、語り合ったストーリーの大半は、「明朝、新聞を広げると、ネルソン・マンデラ暗殺とその後の出来事についての記事を読む」というようなものだった。そんなふうに未来を考えることはとてつもなく恐ろしいことだった。突然、ぬるま湯につかった状態から放り出される。未来をのぞきこんだ者は、資本主義者のケースも自由市場のケースも社会民主主義のケースも論じはじめる。資本主義者がいきなり共産主義者のケースを論じはじめるのだ。そして、そんな既定のパラダイムはす

べて消え去っていく。(4)

ヨハン・リーベンバーグは、鉱業会議所のアフリカーナ(南アフリカのオランダ系白人)幹部だった。鉱業は南アフリカの最重要産業であり、その経営は経済的にも社会的にも非白人を支配するアパルトヘイト体制と密接にからみ合っていた。だから、この反体制側が優勢を占めるシナリオ・チームでは、リーベンバーグは体制側の最たるものを代表していた。痛烈で暴力的な鉱業界の労使交渉やストライキではガブリエルズの敵対者だったわけだ。後にガブリエルズは驚きながら次のように当時を思い返している。

一九八七年、組合は三四万人の労働者をストライキに動員し、うち一五人が殺され、三〇〇人以上が重傷を負った。傷ついたと私が言う場合、かすり傷程度のことではない。彼は敵で、私はそこにいて、その傷がまだ生々しいうちに同じ部屋でこの男と一緒に座っていた。モン・フルーのおかげで彼は私の視点から世界を見ることができたし、私は彼の視点から世界を見ることができたと思う。(5)

ある小さいグループ・ディスカッションで、PACのマラツィが話しているときにリーベンバーグがフリップチャートに板書していたことがあった。リーベンバーグはマラツィの話を冷静にまとめてこう言った。「これで間違いないかな。『プレトリアの非合法の人種差別政権が……』」。リーベンバーグは自分の宿敵の挑発的な見方をきちんと聞き、きちんと表現することができた。

ある午後、リーベンバーグはＡＮＣのマニュエルの代理、ティト・ムボウエニと散歩に出かけた。後にリーベンバーグは次のように熱く報告している。

> 一日の仕事を終えてティト・ムボウエニと長い散歩に出かけた。山道を歩き、ただ話した。一年前なら、ティトは私が口をきくことはまずあるまいという種類の人間だった。彼は、とても歯切れのよい、とても聡明な男だった。私たち白人はそういう黒人に会うことはめったになかった。私は彼らが皆どこに埋もれていたのかわからない。ほかに私が会ったことのある同じ器量の黒人といえば、敵対する役目で私の反対側に座っている労働組合員だけだった。このこと、特に彼らの心の広さが、私には新鮮だった。「いいか、いつか俺たちが支配する時代になれば、こうなるんだ」とばかり言うような連中ではなかった。「なあ、どうなるんだろう。話し合おうじゃないか」と言える人たちだった。[6]

重大な課題を積年の敵対者間で話し合っているというのに、これほど悪意のない建設的な出会いは見たことも、聞いたこともなかった。実際に体験しなければ、そんなことが可能だとは思いもしなかっただろうが、私はそこに居合わせて、目の当たりにしたのだ。

その後半年で、チームと私はさらに二回、週末ワークショップのためにモン・フルーを訪れた。そして最終的にチームの合意で国の未来について四つのストーリーがまとまった。これから何をする必要があるか、有益な討論を促せるだろうとチームが考えたストーリーだった。「ダチョウ」は、白人少数派政府が頭を地面に突っ込んで、敵対者との交渉を拒否するストーリー。「足の悪いアヒル」は、交渉が妥結するが、新しい民主政権は制約を受け、国の課題を処理できないままになるストーリー。「イカロス」は、制約を受けない民主政権が財政の限界を無視し、経済が崩壊するストーリー。「フラミンゴの飛行」は、段階的に協力して発展していくために必要な要素をあるべき場所に配置する社会のストーリー。(7)

メンバーの一人が、四つのシナリオの相関関係を表すシンプルな図（次頁）を作成した。道の三本の分岐は、（モン・フルー・チームのメンバーのような人々から影響を受ける）南アフリカの政治指導者が向こう何カ月かの間に下さなければならない決定だった。初めの三つのシナリオは、誤った決定がなされた場合に南アフリカに起こりうることを予言する警告だった。第四のシナリオは、三つのシナリオの誤りをすべて回避できた場合の国にとってよりよい未来のビジョンだった。チームが共同作業を始めたときは、この政治的に異質なチームが共通のビジョンに合意することをめざしたわけではなかった。それゆえ、チームはビジョンが合意に至ったことに驚いた。しかし、「フラミンゴの飛行」シナリオの内容そのものとこのチームがそれに賛同したという事実の両方が、未来に確信がもてず、未来について意見が割れている国にとって希望に満ちたメッセージとなった。

チームは活動を一六ページのレポートにまとめ、南アフリカの最有力週間紙の別刷りとして発行した。評判高い映画制作者、リンディ・ウィルソン（シナリオに鳥の名前をつけることを提案した人）は、チームの取り組みを紹介する三〇分のビデオを制作した。このビデオには南アフリカの著名な時事漫画家、ジョナサン・シャピロの絵も挿入された。その後、チームは、こうした資料を用いて活動結果を国中の一〇〇以上の政治団体、企業、非政府組織に伝えて回った。

モン・フルーの影響

モン・フルー・プロジェクトは、私に驚くほど大きな影響を与えた。そんなことが可能だと

モン・フルー・シナリオ（南アフリカ、1992 年）

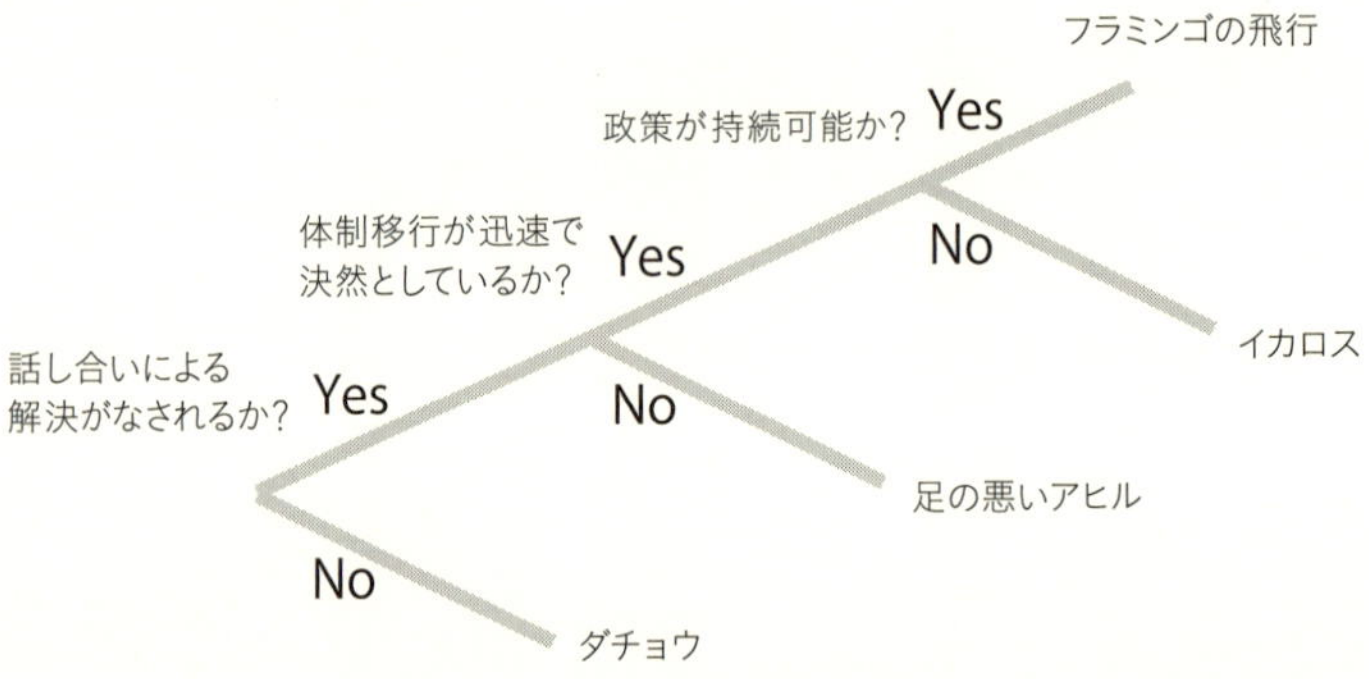

は想像もつかなかった、この協力的で創造的な未来への取り組み方に私は恋をしてしまった。世界中を驚嘆させた、南アフリカの歴史の刺激的で気持ちが奮い立つような瞬間に。そしてプロジェクトのコーディネーター、ドロシー・ブーサックにも。一九九三年のプロジェクト終了までに、私はこの新しい仕事のやり方を追究しようとシェルを辞め、ロンドンからケープタウンに引越し、ドロシーと結婚した。これで私の未来は南アフリカの未来とからみ合うことになった。

モン・フルー・プロジェクトは、南アフリカにも驚くほど大きな影響を与えた。南アフリカに移住後数年、私は、この国のたくさんのリーダーたちとプロジェクトに取り組み、そこで起きていることに細心の注意を払った。南アフリカで展開することに対するモン・フルーの功績は、ドラマチックでも決定的でもなかったが、わかりやすく重要なものに思われた。多様なチームメートとの集中的な知的で社会的な出会いというチームの経験は、この国で何が必要か、何が可能かについて、メンバーの考えを変化させたし、それに呼応するように、お互いに対する共感と信頼も変化した。その結果、メンバーの行動が変わり、行動が変わることで、国で起こることも変わった。

四つのシナリオのうち、最も大きな影響を与えたのは「イカロス」だった。このストーリーのタイトルは、ギリシア神話の登場人物にちなんでつけられた。蝋で固めた鳥の羽でつくった翼で飛べることに有頂天になり、太陽に近づきすぎて蝋が溶け、海に墜落したイカロスのことだ。経済学者のニック・シーガルが、モン・フルーとそれより前に行われた南アフリカの企業がスポンサーになった二つのシナリオ演習に関する著作で、マクロ経済的ポピュリズム*の危険性を指摘する「イカロス」の警告を次のようにまとめている。

民衆に選ばれた政権は、成功を確実にするために物価統制や為替管理などの手段を伴う派手な社会的支出に乗り出す。しばらくは、この政策は成果を出すが、遠からず、予算や国際収支の制約が悪影響を及ぼしはじめ、インフレや貨幣価値下落など有害要因が現れる。次いで起こる危機は、最終的には独裁政治への回帰という結果になり、政府の計画の受益者となるはずだった人たちの暮らしは以前よりも悪化する。(8)

このシナリオは、ANCの経済政策の路線にあからさまに異議を唱えるものだった。ANCは、一九九〇年代初め、有権者からの強い圧力で、政権についたらアパルトヘイトの不公正を是正するために借金して支出しようとしていた。シナリオ・チームのメンバーは、ANCのムボウエニとマニュエルの支持を受けて、ネルソン・マンデラ（ANC党首）とジョー・スロヴォ（南アフリカ共産党議長**）を含む同党の全国執行委員会に対してチームの検討結果を発表した。ソ連はじめ、他国の社会主義経済計画の失敗を引き合いに出して、「イカロス」を真剣に受け止める必要があると主張したのはスロヴォだった。

ル・ルーとマラツィがパンアフリカニスト会議（PAC）の全国執行委員会に対して「イカロ

ス」を発表したとき――その時点まで同党は武装闘争をやめて、来る選挙に参加することを拒否していた――マラッィは自分の党の立場に見える危険性をこう直言した。「これは、我々の敵対者、ANCが政権を握ったら、南アフリカに降りかかる悲惨なシナリオだ。そしてANCがそうしなくても、我々が彼らをそこに追い込むだろう」。この鋭い自己批判の発言でマラッィが主張したのは、同党が宣言した経済政策は国にも、党の人気にも害を及ぼすということだった。

そのとき委員会のメンバーがマラッィに質問した。なぜシナリオ・チームは革命の成功というシナリオを含めなかったのかと。マラッィはこう答えた。「私は精一杯やってみたんだ、同志よ。しかし、今日の世の中の現実を考えれば、今後一〇年以内に革命が成功するという説得力のあるストーリーを語れるとは私には思えない。もし諸君のだれかが説得力のあるストーリーを語れるなら、チームにそれを採用させるべく努力しよう」。後に、ル・ルーは委員会のだれ一人としてそれができなかったと振り返り、こう述べている。「自分たちが献身している革命をどうすれば妥当な期間内に起こせるか説明できなかったという事実は、その後の党の立場の変化にとって決定的だった。影響力をもつのは、人が受け入れるシナリオだけではなく、人が受け入れなかったシナリオもまたしかりである」(9)

＊ 民衆主義、人民主義。大衆の利益を増進することをめざす政治。
＊＊ ANCは組織内に南アフリカ共産党を含む。

このシナリオについての話し合いの後、同委員会で丸一日の戦略討論会が開かれた。その後、PACは武力を放棄し、選挙戦に参加し、経済政策を変更した。マラツィはこう述べた。「一九九三年九月の政策会議以前にPACの政策を検討しても、変更の余地はどこにもなかった。しかし、この会議以降、わが党の政策は、土地政策をはじめとして、かなり多くについて改定しなければならないものとなった。直接的にしろ、間接的しろ、どれもモン・フルーの影響を受けたのである(10)」

これらの討論やほかの多数の討論が――モン・フルーから直接生まれたものもあれば、そうでないものもある――野党の、そして国の政治的合意を変化させた（デクラーク大統領は、「私はダチョウではない」と言って自分の政策を弁護した(11)）。一九九四年にANCが政権を握ったとき、同党が実行した政策の最大の驚きの一つは、一貫して厳格な財政規律だった。ベテランのジャーナリスト、アリスター・スパークスは、このANC経済政策の根本的な変化を「偉大なるUターン」と表現した(12)。一九九九年、ムボウエニが南アフリカで初めて黒人として準備銀行（中央銀行）総裁に就任すると（一〇年間在職）、「私たちはイカロスではありません。太陽に近づきすぎる心配はありません」と言って地方銀行や国際銀行の銀行家を安心させた。二〇〇〇年、当時、同国初の黒人財務大臣になっていたマニュエルは（一三年間在職）こう語った。「モン・フルーから現在の政策まではまっすぐの一本道ではなかった。曲がりくねってはいるが、モン・フルーにさかのぼるものはかなりある。今でも目を閉じたら、それらのシナリオをいとも簡単に話せるだろう。」

私はシナリオを自分のものとして一体化した。何かを自分のものとして一体化したら、おそらくそれは一生ものになるだろう」[13]

新政府の経済的規律は、南アフリカ経済の年間実質成長率を一九八四〜一九九四年の一%から一九九四〜二〇〇四年の三%に飛躍させた。二〇一〇年、クレム・サンターは、南アフリカが民主主義への移行だけでなく、直近の世界同時不況もうまく乗り切ったと評価し、こう語った。「賛辞を送ろう。モン・フルーの試みに関わったすべての者たちに。あなた方は、わが国の重大な岐路において、歴史を変えたのかもしれないのだ」[14]

モン・フルー・チームの南アフリカの未来についてのメッセージは、簡潔で説得力があった。ただし、だれもがこのメッセージに賛同したわけではなかった。チームの分析は表面的だと評価する人もいたし、左派の多くは財政的保守主義についての結論を誤りだと考えた。それにもかかわらず、チームは、ポスト・アパルトヘイトの経済戦略について決定的に重要な仮説と提案を国家の検討課題にすることに成功した。この提案は勝利を収めたが、それは一つには世界的に浸透している経済的合意の文脈《コンテクスト》に照らして筋が通っていると思われたからであり、一つにはマニュエルとムボウエニが新政府の経済的な意思決定に長期間大きな影響力を行使したからであった。こうして、チームのなしたことは南アフリカで起こることに変化をもたらしたのだ。

モン・フルーは、南アフリカ国民が国家を変革するプロセスに貢献しただけでなく、そのプロセスの好例となった。モン・フルーのプロセスの本質――システム全体を代表するリーダーたちのグループが自分たちのシステムに何が起きているか、何が起こりうるか、何がなされるべきかをとことん議論し、その結論に基づいて行動する――は、教育改革から都市計画、新憲法まで、あらゆる過渡期の問題に関する数々の意見交換の場で採用された（そのほとんどが厳密な意味ではシナリオ手法は用いなかったが）。これは、私が耳にした「現実的な選択か奇跡的な選択か」のジョークを生んだ取り組み方であった。南アフリカ国民は協力して前進する道を見つけることに成功した。「奇跡的な選択」を実行することに成功したのだ。

モン・フルー・プロジェクトに限って見ても、南アフリカの体制移行全体を見ても、けして完璧でも完遂されたわけでもなかった。多くの問題や関係者が蚊帳の外に置かれ、多くの考えや行動が激烈な論争となり、後に多くの新しいダイナミクスや困難が生じた。南アフリカのような複雑な社会システムを変えることは、決して簡単ではないし、絶対確実でもないし、永続的でもない。しかし、モン・フルーは、行き詰まって暴力的になっていた社会を平和的に前進させることに貢献した。チームのメンバーの一人で後に貿易産業大臣になったロブ・デイヴィスはこう述べている。「モン・フルーのプロセスは、前に進む道を見つけようと真剣に努力している者たちに大まかな道筋をつけてくれた(15)」

第2章 未来への新しい取り組み方

一九九二年にモン・フルー・シナリオ演習が終わったとき、私は奮い立たされるような、それでいて確信がもてないような心境だった。私にとって、モン・フルーが南アフリカに変化を起こす一因だったことははっきりしていたが、このやり方がほかの文脈《コンテクスト》でも使えるのか、どうすれば使えるのか、ということははっきりしなかったのだ。どんな状況なら変容型《トランスフォーマティブ》シナリオ・プランニングが有効なのか？　有効であるためには、どんなアウトプットを生み出さなければならず、どんなインプットが必要なのか？　このアウトプットを生み出すためには、どんなステップが欠かせないのか？

こうした疑問が、今や二〇年も続けてきた探求の端緒だった。一九九三年に南アフリカに引っ越した後、手ごわい問題に対処しようとしている人たちと一緒に働く機会をあちこちで探し出した。仕事仲間を見つけ、課題も異なれば、規模も国も関係者も異なる多数のプロジェクトに異なる方法でともに取り組んだ。この経験からたくさんの試行錯誤の機会、そして実にたくさんの学ぶ機会を得た。私は少しずつ自分の問いに対する答えを見つけていった。

変容型シナリオ・プランニングはいつ使えるか

モン・フルー・シナリオ演習を誕生させた南アフリカの状況《コンテクスト》は、変容型シナリオ・プランニングが効果を発揮する一般的な状況の具体例であると判明した。変容型シナリオ・プランニングは、次の三つの特徴をもつ状況にいる人たちにとって役に立つ可能性がある。

第一に、その人たちが自身の置かれた状況を容認できないもの、不安定なもの、もしくは持ちこたえられないものと見ていることである。その状況はしばらくの間そうありつづけたのかもしれないし、今そうなりつつあるのかもしれないし、将来そうなりそうなのかもしれない。感情面ではおびえや高ぶりや混乱があるだろう。いずれにしても、この人たちは以前のままではいられないか、いるつもりがない。あるいは今起きていることに適応したり、逃れたりするつもりがない。その状況を変えるしか選択肢がないと考えているのだ。たとえば、モン・フルー・プロジェクトの参加者は、アパルトヘイトを容認できない、不安定で、持ちこたえられないものと考え、始まったばかりの政治的交渉はアパルトヘイトを変えることに貢献するチャンスだと見ていた。別の架空の例を挙げると、あるコミュニティで学校の状況を容認できないと考え、変えたいと望んでいる人たちがこれに該当する。

第二に、その人たちが自力では、あるいは友人や仲間とだけ一緒に動いても状況を変えられないことである。そうしたくとも、変化を押しつけることも、断行することもできない。自分たちとその状況が埋め込まれている、より大きな社会－政治－経済システム（セクター、コミュニティ、国など）が複雑すぎて――関係者が多すぎる、相互依存性がありすぎる、予測があまりにも難しい――いくら発想や資源《リソース》が豊かで権威があっても、一個人、一組織、一セクターでは把握したり、変えたりできない。(1) したがって、この人たちはシステム全体を網羅する関係者と協力して事に当たる方法を見つける必要がある。

アパルトヘイトという状況の変容を望む南アフリカ国民は、集団抗議行動、国際的制裁、武装抵抗によって何十年もこの変化を力ずくで起こそうとしていた。しかし、こうした活動は成功しなかった。モン・フルー、および一九九〇年代初期のほかのマルチステークホルダーによるプロセス（かつての力づくの活動が促したもの）は、南アフリカ国民にシステム全体を網羅する関係者とともに行動する新しい方法をもたらした。コミュニティの例ならば、学校の状況を変えるには、関心のある市民や学校管理者だけでなく、教師、親、生徒などの関係者たちが関わることが必要だろう。

第三に、その人たちが直接的には状況を変えられないことである。力を合わせて変化を起こすべき関係者が分裂しているために、この仕事に真正面から当たれないのだ。何が解決策かはおろか、何が問題かについてさえ見解が一致しない。一致しているのは、せいぜいだれもが問題ありと見ている状況に直面しているということくらいだ。ただし、着眼点も問題とする理由も異なるが(2)。したがって、ある解決策を直接的に実行しようとすれば、必ず抵抗と硬直を増やすばかりになってしまう。そこで、まずは共通理解と関係と意図を構築することによって間接的に変容に取り組まなければならない。

モン・フルーに集結した関係者は、アパルトヘイトが取り返しのつかないほど問題であり、廃止する必要があるという点には全員が同意していたが、アパルトヘイトがどう問題なのかという分析とアパルトヘイトをどう変えるべきかという解決策の点では相違が大きかった。彼らが共通の土台をつくりあげることができたのはシナリオ・プロセスのおかげだった。コミュニティの例で言えば、学校管理者、教師、親、生徒の間には不毛な意見の相違の長い歴史があり、腰を下ろして、一緒に行動を起こす一歩を踏み出すことさえままならないかもしれない。

そういうわけで、変容型シナリオ・プランニングは、変えたいけれども、一方的には、もしくは直接的には変えられない複雑な問題ある状況に取り組むための方法である。この未来への取り組み方は、地元単位でもセクター単位でも、地域や国やグローバルな規模でも、そのような状況に対処するためなら、規模の大小に関係なく使うことができる（本書のストーリーはすべて国の規模だが、それは私のしてきた仕事のほとんどがその規模であり、よって私が最もよく知っている規模だからだ）。変容型シナリオ・プランニングは、関係者がある状況に適応するとか、それを無理に変えるとか、あるいはすでに練り上げられた提案を実行するとか、複数のそうした提案の交渉をするための方法ではない。関係者が協力的に、創造的に活動して、行き詰まりから脱し、前進するための方法なのだ。

変容型シナリオ・プランニングはどのように機能するか

変容型シナリオ・プランニングのプロセスでは、関係者が次の四点において自らを変容させることによって問題ある状況を変容させる。

第一に、自らの**理解**を変容させる。シナリオのストーリーは、自分たちが属するシステムの中や周辺で起きていることや起こりうることを集団として総合したものをはっきり物語る。そこに自分たちの状況を、そして決定的に重要なことだが、その状況における自分たちの役割を新鮮な目で見るのだ。分裂しているとか、混乱しているとか、行き詰まった状況では、そんな新しい、明確な共通理解が前進を可能にする。

第二に、自らの**関係**を変容させる。シナリオ・チームで一緒に活動するうちに、チームやシステム全体のほかの関係者に対する共感や信頼も、協力する能力と意欲も大きくなる。このシステムを横断する関係の強化は、この種のプロジェクトの最も重要で持続的な成果であることが多い。

第三に、自らの**意図**を変容させる。理解と関係が変わると、システムで起きていることに対処するために何ができて、何をなさねばならないかに対する見方も変わる。根本的な意志が変容するのだ。

第四に、理解と関係と意図が変わると**行動**が変容し、その結果、状況が変容する。

モン・フルーの一部始終は、この四部構成の論理の典型例だ。シナリオ演習の参加者たちは、まず南アフリカ国民が直面している政治的・経済的・社会的課題の新たな理解を打ち立て、その課題に南アフリカ国民がどう対処できるかに関して四つのシナリオを作成した。次に、参加者たちは新しい関係と連携を築いた。とりわけそれまでは分離していた党やセクターや人種のリーダー間に新たな関係が生まれたのだ。さらに、「ダチョウ」「足の悪いアヒル」「イカロス」を回避し、「フラミンゴの飛行」を実現するために、自分たちの影響力の範囲でなすべきことに関して新しい意図をもった。この新しい理解と関係と意図があったから、その後何年も参加者たちとその働きかけを受けた人たちが一連の協調行動を起こすことができ、そうできたおかげで参加者たちの意図したことが成し遂げられた。

先ほどのコミュニティの例で、関心のある市民、学校管理者、教師、親、生徒のチームが、学校とコミュニティの中や周辺で起こりうることについてシナリオ一式を作成するとしよう（望ましいものと望ましくないもの両方）。こうして一緒に活動するうちにチームはお互いをもっと理解し、信頼できるようになり、さらに学校の状況を変えるには何をする必要があるかがはっきりする。そうなれば、この変化をもたらすために協力して、もしくは個別に行動を起こすことができる。

変容型シナリオ・プランニングは、次の三つの条件がそろった場合にかぎり、この二例のような変容を起こすことができる。変容型シナリオ・プランニングは、三つの既存の技法を結びつけて新しい結果を生み出せる新しい手法にした複合的な社会技法である。(3) 三つの条件のうち一つでも欠けると、この新しい手法はうまくいかない。

第一の条件は、洞察力と影響力があり、利害関心をもつ関係者の代表が集まった**システム全体を代表するチーム**である。集まったメンバーは、全体としてシステムの戦略的な小宇宙《ミクロコスモス》をつくる。システムの一部、一陣営、一派閥の人間だけではいけないし、システムの観察者《オブザーバー》だけでもいけない。全員が特定の問題ある状況に対処することを望み、単独では対処できないことをわかっていなければならない。このチームに参加することを選ぶのは、一緒に行動すれば、より成功の可能性が高まると思うからなのだ。

第二の条件は、このメンバーたちが自らの理解、関係、意図を変容させることができる場となる**強固な器**である。(4) この器の境界は、チームが十分に保護と安全を感じながら、同時に十分にプレッシャーと摩擦も感じることで難しい仕事をこなせるように設定する。そのような器をつくるには、チームが仕事をする空間の複数の次元に注意を払う必要がある。一つは、シナリオ演習の政治的位置づけである。これは、システムの中で自身が所属する組織の仲間から裏切りとはみなされないように、システムのほかの部分の人間に会える雰囲気にするためだ。もう一つは、活動の心理社会的な状態である。これは、自分の思考と行動への気づきを広げ、それを仮説として探求することができる（人から探求されてもよしとする）雰囲気にするためだ。さらにもう一つは、ミーティングの物理的な場所である。これは、メンバーがリラックスして、何にもじゃまされずに仕事に集中できるようにするためだ。

第三の条件は、**厳密なプロセス**である。変容型シナリオ・プランニングのプロセスでは、起こりうることについて、取り組む問題に〝関連〟しており、現状認識や固定観念に〝一石を投じ〟、〝現実味があり〟、〝明確〟なものという基準で一連のストーリーを作成する――起こるだろうこと（予測）や起こるべきこと（願望や提案）についてのストーリーではない。次に、このシナリオ作成からわかったことに基づいて行動する。シナリオ・プロセスの独特なところは、実用的でありながらインスピレーションを刺激し、理性的でありながら直感的であり、大勢を占めている理解に結びつきながら、それに異議を唱え、状況の複雑性や対立に浸りながら、そこから切り離されるということだ。さらに言えば、未来が関係者のだれにとっても同等に未知のものとなる、より中立的な空間になるということだ。

モン・フルーで考案された変容型《トランスフォーマティブ》シナリオ・プランニングのプロセスは、その二〇年前にシェルで考案された適応型《アダプティブ》シナリオ・プランニングのプロセスに始まる――が、この適応型プロセスを一新したものだ。適応型シナリオ・プランニングのプロセスでは、組織のリーダーが組織の外の世界で起こりうることについてストーリーを作成し、採用する。その目的は、さまざまな考えられる未来において組織が適応し、生き残り、繁栄できるように戦略や計画を策定することだ。適応型シナリオ・プランニングを使って、予知できないと考えている未来、および影響を及ぼせない（あるいは、及ぼすべきでない、及ぼす必要がない）と考えている未来を予期し、それに適応するのだ。

しかし、適応型シナリオ・プランニングの役立つ範囲には自ずと限界がある。時として、人はあまりに容認できないか、不安定か、持ちこたえられない状況において、その状況を受け入れたり、適応したりしたくない、あるいはそうできないことがある。そんな状況では、未来を予期したり、未来に適応したりするだけでなく、未来に影響を及ぼすか、未来を変えるアプローチが必要になる。たとえば、犯罪が多発するコミュニティに住むことに適応型アプローチで対処するなら、鍵や警報や警備員を採用することになるだろう。一方、変容型アプローチで対処するなら、人と協力して犯罪レベルを下げる努力をすることになるだろう。気候変動に対して適応型の反応をするなら、海面の上昇から身を守るために堤防を建設することになるだろう。一方、変容型アプローチで対処するなら、人と協力して温室効果ガスの排出を削減する努力をすることになるだろう。どちらのアプローチも理性的だし、実現可能だし、合法的だが、両者は別物であり、違う種類の連携と行動が必要だ。

したがって、適応型シナリオ・プランニングと変容型シナリオ・プランニングの決定的な違いは、その目的の違いにある。適応型シナリオ・プランニングでは、起こりうることを精査するために未来のストーリーを使う。一方、変容型シナリオ・プランニングでは、未来を精査するだけでは不十分だと考え、起こりうることに影響を及ぼすために未来のストーリーを使う。それぞれの目的を達成するために、適応型シナリオ・プランニングでは新しい体系的な理解を生み出すことに焦点を当て、一方、変容型シナリオ・プランニングでは新しい理解だけでは不十分として、システムを横断する新しい関係とシステムを変えようとする新しい意図を生み出すことにも焦点を当てる。さらに、この二つの異なる成果を生み出すために、適応型シナリオ・プランニングでは厳密なプロセスが必要であり、変容型シナリオ・プランニングでは厳密なプロセスだけでは不十分として、システム全体を代表するチームと強固な器も必要になる。

変容型シナリオ・プランニングは、状況を、お互いを、何をなさねばならないかを深く理解している関係者どうしの強い連携を築くことによって問題ある状況を変えることを可能にするのだ。

変容型シナリオ・プランニングの五つのステップ

私は変容型シナリオ・プランニングのノウハウを二〇年間試行錯誤しながら学んできた。経験したプロジェクトがどんなときに離陸に失敗し、どんなときに始動に成功するか、どんなときに行き詰まり、どんなときによどみなく流れるか、どんなときにつぶれ、どんなときに進みつづけるか、私は観察してきた。こうして、何がうまくいき、何がうまくいかないか、それはなぜなのかを見分けられるようになり、シンプルな五つのステップからなるプロセスをまとめあげた。五つのステップは次のとおりである。

①システム全体からチームを招集する
②何が起きているか観察する
③何が起こりうるかについてストーリーを作成する
④何ができて、何をなさねばならないか発見する
⑤システムの変革をめざして行動する

このプロセスは古い牛道*のようなものだ。つまり、それだけが前に進む道ではないが、長年かけて数々の別の道も試した結果、信頼できると判明した道なのだ。

この五つのステップは、複雑な、問題ある状況の変容に至るUプロセスの応用として捉えることができる。(5) Uプロセスは、五つの動き、すなわち共始動（変容型シナリオ・プランニングでは、招集ステップ）、共感知（同、観察および作成ステップ）、共プレゼンシング（同、発見ステップ）、

* 牛は放牧地を歩くとき、適当に歩くように見えて実は同じ道を通っている。毎日毎日同じ道を歩くので草がはげて道ができる。

共創造と共進化（同、行動ステップ）を含む変容モデルである。Uプロセスは直線ではないプロセス——回り道——である。立ち止まり、一歩下がって見ることによって行き詰まりから脱して、前に進み、問題ある状況を変える道なのだ。それは創造的なプロセスでもある。Uの右側の行動ステップにおいて何ができて、何をなさねばならないかは、Uの左側からは見えず、谷底のカーブにさしかからないと見えないからだ。さらにまた、それはフラクタル*なプロセスでもある。Uに沿ったステップそれぞれに小さいUプロセスが含まれるからだ。よって関係者は共始動から共進化までの五つの動きを何度も繰り返す。

変容型シナリオ・プランニングは問題ある状況にゆっくりと、かつ関係者たちの内面が外面へ表出するように取り組む。五つのステップを

変容型シナリオ・プランニングの5つのステップ

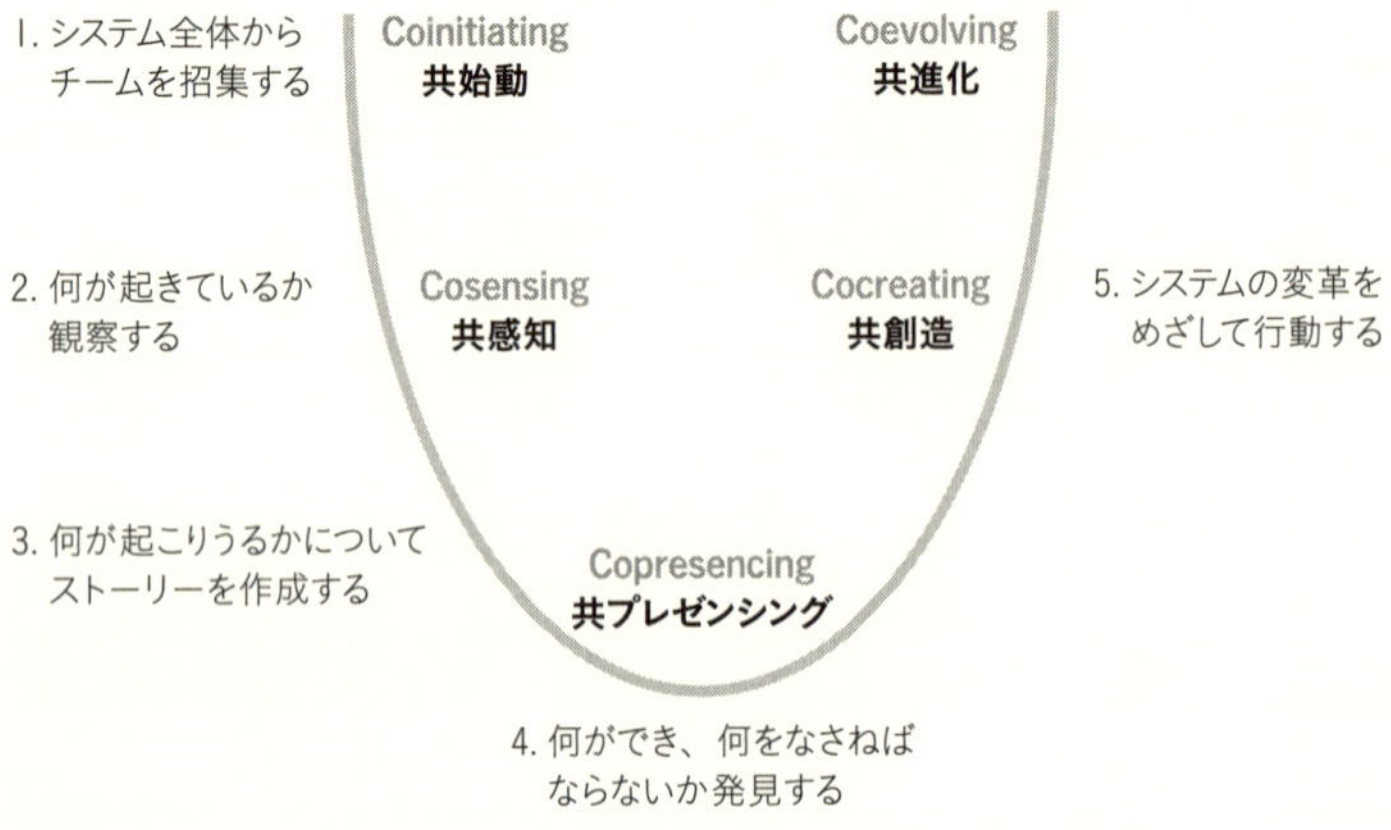

たどりながら、関係者は少しずつ自らの理解、関係、意図を変容させ、それによって行動も変容させる。このプロセスをとおして、個々のリーダーからシナリオ・チームへ、彼らがリードする組織やセクターへ、さらに大きな社会システムへと変化がさざ波のように広がる。

変容型シナリオ・プランニングのプロジェクトは、広げることも狭めることも、大きくも小さくも、長くも短くもできる。ただし、私の経験から言えば、複雑な問題ある状況を変えるには、理想的な条件の範囲がある。この範囲から外れてもうまくいかないことはないが、難しいと感じることだろう。あるいは、本書で概説するものとは異なる手法を使う必要があるだろう。

第一ステップでは、五〜一〇人の主催チームが、二五〜三五人の指導的立場にある関係者（主催者も含めて）を集めたシステム全体を代表するシナリオ・チームをつくる。主催チームもしくはシナリオ・チームの人数がこれより少ないと、システム全体としての洞察や影響力に必要な多様性をもたせにくい。逆に、これより人数が多いと、このプロセスに必要な親密さと取り組む意欲が育ちにくい。大人数のチームで取り組むための別の手法もあるが、シナリオ・ワークの理性的でありながら直感的なプロセスを組み合わせた構造には適さない。

シナリオ・チームは、一回三〜四日のワークショップを四〜八カ月の間に三〜四回行いながら第二・三・四ステップに進む（ワークショップの間には補助的な活動を行う）。これよりワークショップ

＊　フラクタルとは、どんな細部を見ても全体と同じ構造が現われる図形。

の回数が少ない、あるいはワークショップの期間が短いとか、開催間隔が近いと、チームの理解、関係、意図が変わるほど深く探求する（そして道に迷う）時間を確保しにくくなる（私のパートナーのビル・オブライエンは変革をめざす仕事に必要な時間についてこう言った。「何人で仕事に当たらせようと、赤ん坊が生まれるには九カ月かかるんだ[6]」）。逆に、これよりワークショップの回数が多い、あるいはワークショップの期間が長いとか、開催間隔が離れると、必要なエネルギーや勢いを維持するのが難しくなる。

最後に、シナリオ・チームは、チーム以外の人たちと、さらに四〜八カ月以上かけて第五ステップに進む。これより短いと、時間不足でチームの行動が状況を変容させるまでに至ることが難しい。ただし、シナリオ・プロジェクトの期間内にしろ、プロジェクト終了後にしろ、メンバーの行動が何年も波紋を広げる可能性がある。変容型シナリオ・プランニングのプロジェクトは、システム変容のプロセスをスタートさせることはできるが、そのプロセスが完成するまでには何世代もかかるかもしれないのだ。

変容型シナリオ・プランニングはシンプルだが、楽ではないし、単純明快でもないし、うまくいく保証もない。そのプロセスは創発的なものだ。計画どおりに展開することはまずないし、状況《コンテクスト》ごとの設計や再設計が常に要求される。だから、このプロセスを学ぶにはさまざまな状況で実践してみるしかない。

したがって、五つのステップについては次の第3章から第7章までの五章を割いて概説するが、それは従うべき秘訣というより、目を離さないでおく道しるべのようなものだ。ステップごとに、私の経験から二、三の多様な実例を紹介する。なかにはいくつかのステップにまたがる実例もある。チームの前進の成功例もあれば、チームの失敗例や中断例もある。私は自分の実体験に重きを置く。その多くは極端な状況だ。なぜなら、極端な状況は、普通の状況ではわかりにくい、こうしたプロセスの普遍的なダイナミクスを色鮮やかに教えてくれるからだ。また、外側から、遠くからではわかりにくいダイナミクスを内側から、目のあたりに教えてくれる。なかには過去の著書で紹介したことのあるストーリーもあるが、本書でまた採用するのは具体的な方法論上の教訓を知ってもらうためだ。最後に、「まとめ」の章を設け、ステップごとに一般的なプロセスの手順を整理する。

第3章 ステップ① システム全体からチームを招集する

変容型《トランスフォーマティブ》シナリオ・プランニングのプロジェクトの第一ステップは、そのシステムの未来に影響を与えたいと望み、かつ協力してそれができる人たちをシステム全体から集めてチームをつくることだ。このシステムはコミュニティでも、セクターでも、国でも、複雑すぎてシステムの一部分だけでは把握したり、変えたりできない社会－政治－経済システムの全体なら何でもいい。

主要な関係者をチームに加える

ジンバブエの政治、経済、社会はかねてからきわめて問題含みの状況だ。国内外のさまざまな関係者が、その状況（今どうなっているのか、なぜなのか、どんな結果なのか）をまったくばらばらに見てきた。その結果、分裂や暴力、経済停滞が長期化している。

二〇一〇年、六人のジンバブエのリーダー——実業家二人、大学の副学長二人、労働研究者一人、教会指導者一人——が国をよりよい軌道に乗せようと変容型シナリオ・プロセスを実施することに決めた。[1] この六人はそれぞれ広く尊敬され、彼らの間にはさまざまな政治的経歴と共感があった。

六人は、ジンバブエ社会のどのセクターを、つまり、どの政党、政府機関、企業、NGO（非政府組織）を自分たちのプロセスに含める必要があるかを、また各セクターのどの人を招いてシナリオ・チームをつくるかを考え抜いた。そしてプロセスを開始するのに必要な政治的・財政的支援をする力のある有力なリーダーたちと話し合った。そのなかには、もし反対ならば、プロセスを中止させることもできる有力者たちも含まれていた。六人は自分たちのイニシアチブを「グレート・ジンバブエ・シナリオ・プロジェクト」と名づけた。古代ジンバブエ王国の首都にある有名な千年前の石造建築遺跡、グレート・ジンバブエにちなんでつけられた名称だ。プロジェクト・ディレクター、ファシリテーター、管理者、そして私が雇われた。

主催者たちがシナリオ・チームのメンバー四〇人（主催者たちも含む）を選び、参加を要請した後、二人のスタッフ・メンバーが参加者一人ひとりと三時間の面談をした。それからスタッフは面談の結果をまとめ、それを私たちがチームの初回ワークショップで発表した。

当初、私たちはワークショップの前にそれを送るつもりだったが、物議を醸すものと見られ、人をワークショップから遠ざけてしまうのではないかと懸念し、チーム・メンバーが会場に到着してから手渡すことになった。

チームは、あらゆる複雑さと矛盾をはらみながら自分たちの考えが映し出されたこの報告書を釘づけになって読んだ。これを読んで引き出された意外で重大な結論の一つは、現在の状況で幸せな人はチームのなかに一人もいない、ということだった——不幸なのは異なる観点、異なる理由からではあったが。この報告書は、起こりうる未来についてチームが対話を開始するための確固たる出発点になった。

メンバーの一人がある発言をし、それにグループ全体が共鳴した。彼はこう言ったのだ。「ジンバブエでは、高いコンクリート壁の後ろに家を建てることが多く（私たちはこれを「丈夫《デュラ》な壁《ウォール》」と呼びます）、それに遮られて外で起きていることが何も見えません。社会でも、私たちはそれと同じことをしています。自分自身の考えという「丈夫な壁」の内側に座り、今起きていることを別の見方で見ることもできるかもしれないということに気づきません。このプロジェクトの目標は、私たちの心の「丈夫な壁」を取りはずして、今起きていることをもっとたくさんの人がもっとたくさん見ることができるようにすることにしたらどうでしょう」

自分の「丈夫な壁」を取りはずすには、自分の思い込みをいったん保留*しなければならないとチームは悟った。つまり、この国で何が起こったか、今何が起きているか、これから何が起こりうるか、に対する各自の考え方を意識し、批判的に再検討する必要があるということだ。チームはミーティングのときは終始この保留を重視し、そのおかげで何度もあった深い危機的な意見の相違について話しつづけることができた。

　このプロジェクトはたくさんの障害にぶつかり、とぎれとぎれに前進した。主催者たちは資金集めに苦労し（資金援助者のなかにはジンバブエの状況は絶望的だと考えている人もいれば、全般的なマルチステークホルダーによるダイアログではなく、特定の草の根プログラムに寄付したいと言う人もいた）、関係者間の積年の敵意を克服するのに苦労し、その結果生じる組織上の問題や管理上の問題を処理するのに苦労した。私は何度となく「このプロジェクトはもうだめだ」と思ったが、主催者とスタッフとチーム・メンバーはあきらめず、活動は続いた。

　このプロジェクトが直面した最大の難問は、全政党をワークショップに参加させることだった。政治家の大半は、このような中立的で、筋書きもない、超党派の集まりに疑いの目を向け、そんなものに参加しなくても自分の目的は自分のほうがうまく達成できると自信をもっていた。しかし、少しずつ、ワークショップを重ねるうちに、そんな政治家たちの多くがプロジェクトの意図を信頼するようになり、国にとっても、自分自身にとってもいかに有益かを理解するようになって、このプロセスに参加した。プロジェクトの終了までに、チーム

＊　聞いているときには判断や結論を脇に置いて観察や話し合いを続けること。話しているときには自分の考えを仮説として呈示すること。一四三頁も参照。

は国の主要な関係者を幅広く代表したものになり、したがって幅広く信頼され、影響力を及ぼす潜在力をもつに至った。ジンバブエのきわめて分裂した状況《コンテクスト》では、それ自体が並はずれた価値ある業績だった。

招集活動を断念する

オーストラリアの先住民（アボリジニ）と非先住民の関係は、一七八八年にイギリス人が上陸したときから問題をはらむものだった。先住民の法的地位——土地所有権、選挙権、市民的自由（思想・言論・行動の自由など）——は連綿として争われてきた。先住民の健康、教育、投獄、平均余命の指標は常に非先住民より著しく悪かった。

多くの個人や団体が、雇用創出、社会福祉、政策変更、訴訟、文化の刷新など、多くの異なる方法で、この問題ある状況に取り組もうとしてきた。しかし、進捗は限られたものだった。悲惨、絶望、怒りで形容される状況はあいかわらずだ。

二〇〇七年一〇月、オーストラリアで最も有名で最も尊敬される先住民指導者、パトリック・ドッドソンが全国規模のシナリオ・ダイアログ（対話）を提案した。このダイアログの目的は「オーストラリアの共有ビジョンを創出して、私たちの多様な伝統を尊重し、私たちを結びつけて帰属意識をもたせ、よりよい未来の建設に向かわせること」になるはずだった。(2) ドッドソンは、ニューサウスウェールズ大学の同僚、サラ・マディソンを誘い、私をはじめとする協力者の支援を受けて、このダイアログの開催に着手した。

私たちの活動は、熱意とためらいのサイクルを経験した。これほど大きな国の全国規模の野心的なイニシアチブには、注意も、時間も、信頼も、そしてお金も多大に投資しなければならなかった。それゆえ、関わっている人や関わる予定の人（私を含め）はそれぞれ、この活動はうまくいくか、投資する価値があるか、という基本的な判断を下さなければならなかった。確実に知る方法はある由もなく、それぞれがたくさんの判断材料をよく考えてみるしかなかった。たとえば、ほかのもっと直接的に先住民の状況を変える試みと比較した全国的なシナリオ・ダイアログの価値や、この問題に取り組むことの政治的背景（ほかの諸問題と比較して、どのくらい重要で緊急なものに見えるかなど）、このダイアログに利用できる資源《リソース》、イデオロギーも興味関心も性格も違う他人と一緒にチームで仕事をする魅力、といったところだ。

そうこうするうち、二〇一〇年一二月、オーストラリア首相がドッドソンを「オーストラリア先住民の憲法上の承認に関する専門家パネル」の共同議長に指名した。このトップレベルの委員会の開催は、オーストラリアの基本法を改正して先住民に課されてきた歴史的な不当行為を是正する絶好の機会であり、国全体の公的な諮問を経て、憲法改正の国民投票が具体化することになるのだった。二〇一一年五月、この出来事やほかの諸々の類する取り組みがあって、私たちはシナリオ・ダイアログを断念した。関係者のなかにはうろたえた人もいれば、ほっとした人もいた。私はといえば、がっかりした。

オーストラリアの先住民と非先住民の関係に多くの人が多くの方法で取り組もうとしてきた。こうしたイニシアチブのほとんどは失敗している。私たちの活動もその一つだ。私たちにしても、ほかの人たちにしても、シナリオ手法をもっとうまく使う方法をおそらく見つけられるだろう——たとえば、枠組み、焦点、規模、タイミングを変えて行うことだ。複雑な問題ある状況に取り組むにあたり、絶対確実な方法は存在しない。

システム全体からチームを招集するには

自分のコミュニティやセクターや地域が今どうなっているか眺めてみよう。見えるものに満足できないとする。容認できない現状がそのまま続くか、望ましい現状を壊してしまうか、今ある可能性を実現できない、そんな受け入れたくはない未来が見える。でも、あなたはこれから起こることを成り行きまかせにも、他人まかせにもしたくはない。よりよい未来の創造に貢献したいのだ。

とはいえ、未来の何もかもが心配なわけではない。自分が問題ありと見て、責任を感じる特定の状況が心配なのだ——当面のことにしろ長期的なことにしろ、狭い範囲のことにしろ広い範囲のことにしろ、小さいことにしろ大きいことにしろ。その状況は、ある特定の社会－政治－経済システムの一状態もしくは一面である。そのシステムにこれから焦点を当て、関わるなら、まずシステムの境界を判断しよう。ただし、この境界を越えた展開も考慮するという選択肢は常にある。

その状況なり、システムなりを正確に定義する必要はない。また、先のステップに進むにつれて定義は変わるかもしれない。たとえば、初めは自分の市の保健医療の成果が小さいという状況を心配しているとする。まず注目することになるシステムは、市民、保健医療の専門家、監督官庁、非営利組織、企業間の関係になるだろう。しかし、市外とか、食糧、政治、経済などの他分野で展開することも考慮するという選択肢も常にもっている。

このシステムは複雑すぎて、ボスとか権威者といった上からの力、外からの力では〝解決〟できないとあなたは考えている。さらに、自分だけで動いても、友人や仲間とだけ動いても、このシステムは変えられないとも考えている。システム全体を代表する利害関係者《ステークホルダー》ないし関係者《アクター》*のチームが必要になる。関係者とは、システムで起こることに直接的に影響を及ぼし、また及ぼされる人たちを指す。このチームには、お互いを知らない、意見が合わない、あるいはお互いに信頼していない初対面者や敵対者が含まれる。

これら関係者の間では、未来に何が起こるべきかはおろか、今何が起きているかについてさえ

＊ 筆者は、原則として「利害関係者」と「関係者」を互換的に使っている。

意見が一致しないことがわかっている。そこで、システムの多様な代表者が集まるチームなら、起こりうる未来の地図を作成して、本人たちを含め人の行動を刺激することで意義ある貢献ができるだろうとあなたは考える。そして変容型シナリオ・プランニングのプロジェクトを主催してみようと決心する。

こういうプロセスはとても複雑で骨の折れるものだから、一人の手には余る。システムのほかの部分から何人か味方を探そう。こうして力を合わせれば理解もネットワークも信頼性も広がる。この小さいグループが「主催チーム」であり、その時から、このイニシアチブの〝主催者〟は複数になる。対象となる社会システムがばらばらで分裂しているほど、プロジェクトが最初から超党派で排他的でないものに見えること、一部の人や一派閥だけに動かされたり、一部の人の利益のためだけに行われたりしないことが大切になる。市の健康問題の例ならば、主催チームには、活動家、医師、州職員、ビジネスパーソンなどが含まれるだろう。この主催チームの全員が保健医療効果の低さに関心があり（おそらく異なる理由から）、それを変えるために何かしたいと思っているのだ。

変容型シナリオ・プランニングは創発的なプロセスであるゆえに、生み出したい結果の特性——つまり、問題ある状況に対処するための理解、関係、意図、行動がおおまかにどのような特徴をもつか——があらかじめわかっていても、結果が具体的にどうなるのか、どのようにしてその結果が得られるかはわからない。これらの結果は進みながら見つけることになる。と同時に、他者の参画を得るには、意図することについて大まかな概要を決めておく必要もある（これは、プロセスの展開につれて調整できるものだ）。プロジェクトの目的や根拠を書き出そう。目標、焦点、参加者、予定表、予算など、プロジェクトの計画も立てよう。次は計画を実行するにあたり必要な資源《リソース》を適所に配置する。そのためには、現金もしくは現物支給（ミーティングの会場、輸送手段、リサーチ、スタッフなど）で寄付をしてくれる人、つまり、対話のアプローチでシステムの変化をめざすことの価値を理解してくれる人を探さなければならない。

このようなプロジェクトは、しっかりした明確な共通の目的はないままに始まるのが通例だ。自分が身を置いている状況をたいていは違う観点から、違う理由で問題視している雑多な人たちで動き出すものだ。共通理解、お互いの関係、共通意図は時間をかけてできあがる。

プロジェクトの成功は、何と言ってもシナリオ・チームを構成するメンバーにかかっている。チームのメンバーがプロセスの内容と結果に最大の影響を与え、それに最も影響を受けるのもまたメンバーだからだ。メンバーの一人ひとりが、物事を見抜く目と影響力をもち、活動に打ち込める人であってほしい。システムの未来に利害をもつ人（おそらく若者が含まれる）、組織、セクター、コミュニティで尊敬されているリーダー（最高の地位に就いていなくても、外部に対しては知名度がなくてもかまわない）、自由にオープンに内省したり話したりする気があり、そうできる好奇心旺盛なシステム思考の持ち主、この活動から何かを見抜き、それに基づいて自分の影響力の範囲で行動するエネルギッシュで行動志向のリーダー（単なる傍観者や追従者ではだめだ）などが望ましい。

チームとして、メンバーはさまざまな背景や視点をもつ人にしたほうがいい。セクター、イデオロギー、専門性、地理的バランスなどの点で多様なメンバーだ。こういう活動の通常の参加者より範囲を広げて多様な見方や対立する見方の人を含める。そのほうが浮かび上がってくるシステムの姿をチーム力で全体として見ることができる。さらに、ビジネス、政府、市民社会の代表者などメンバーの立場やコネクションにも幅をもたせるべきだ。そのほうが協力してシステムを全体として動かせる。つまり、チームはシステム全体の小宇宙《ミクロコスモス》やフラクタルであるべきなのだ。

人々がこのチームに参加するのは、自分だけが努力してもシステムを変えるには不十分か不十分になるのではないかと考える場合、そしてチームに参加することに価値があり、参加しても安全だと考える場合だ。価値があるとは、システムの未来が自分にとって重要なことであり、こういう多様性あるチームで活動すれば、その未来にもっと影響を及ぼせる（より賢明に、より大きく、より速く）という意味だ。安全とは、主催者側が隠れた意図やある派閥に偏った意図をもっておらず、チームに参加しても自分の利益と矛盾しないと信じられるという意味だ。

このチーム編成の最大の難問は、最も参加してもらいたい人のなかに参加したがらない人がいるということだ。特に、今のままの状況で大きな権力をもっている人、それに満足している人――現状を変えたくない人――は、新しい、起こりうる未来を描写し、開拓することをめざす活動にはたいてい参加したがらないものだ（階層的で権威主義のシステムでは、新しい創造的な思考や行動に進んで関わろうとする人を見つけるのはとりわけ難しいことがある）。だから、こういうプロジェクトにできるだけ偏見のない人を探し出さなければならないし、現状維持派にも自分たちを脅かすものではなく、価値あるものになる可能性があると見てもらえるようにプロジェクトの組み立てやタイミングも考えなければならない。現状維持派の参加なしでスタートする選択肢も常にあるとはいえ、その場合、不完全なチームで意図している影響をシステムに及ぼせるかどうかについて、難しい判断をしなければならない。

チームのメンバーを選び、候補者に接触し、参加してもらう手順は単純だが、楽ではない。まず、これからチームでやろうとしていることについて、一対一で直に人と話をする。そして相手にフィードバックとアドバイスを求め、チームに参加したいかどうか聞く。その人が声をかければメンバーになってくれそうな人がほかにいるかも尋ねるといいだろう。これからやろうとしていることに全く興味を示さない人、参加することに興味はないが何かサポートしてくれる人、熱心に参加する人、いろいろな反応がある。チームができあがるまでこれを続けよう。

システム全体を代表するチームのメンバー選びをしながら、強固な器づくりも進める。つまり、チームが十分に守られ、安全だと感じ、同時に十分なプレッシャーと摩擦も感じながら難しい仕事をこなせるようにプロジェクトを設定するのだ——明確な根拠と目標、だれがリードし、資金を出し、管理するのか、事務局はどこに置くのか、通信手段とその対象、基本ルールは何か、などがその対象となる。この器の政治的・心理社会的・物理的次元に配慮するということだ。

チーム・メンバーが決まったら、今度は各メンバーとの詳細な面談《インタビュー》を実施する。この面談には三つの目的がある。第一に、システムの中や周辺で起きていることや起こりそうなことのうち何が重要か、システムの未来にどんな希望や恐れをもっているか、このプロジェクトに何を期待するか、メンバーが現在考えていることを引き出すこと。第二に、メンバーにプロジェクトの活動への心構えをしてもらい、プロジェクトについて混乱や心配があるなら、それに対応すること。第三に、参加者どうしの関係や信頼をつくりはじめること。

この面談では注意深く記録をとり、後でその概要をまとめる。概要にはテーマごとに発言者の言葉どおりの記述を含めるが、だれの発言かはわからないようにする。個人名が特定されないようにすれば、面談を受けるメンバーにとって面談がより安全なものになるし、意見を個人的なものに留めず客観化しやすい。この資料を第一回目のチーム・ミーティングの前にメンバー全員に送る。そうすれば、チームは直ちに次のステップ、複雑な状況《コンテクスト》に対するさまざまな見方があるという豊かな多様性を理解する段階に入れる。面談を受けたメンバーが重視したテーマや面談のとりまとめ文書で強調したテーマは、これから行うシナリオ・ワークの焦点を絞る役目も果たす。シナリオが重要なことに関連しているかを測る試金石となるわけだ。

この第一ステップで直面する本質的な難しさは、まだ存在していない何かを創造しようとする起業に常に伴う難しさである。今やろうとしているのは、お互いに顔を知らない、理解していない、信頼していないリーダーたちをシステム全体から集めてチームを結成することだ。そんな関係者たちを招集した前例がなく、招集するのが難しいほど、その価値は大きい。これまで集まったことがないからといって、そうできないわけではないのだ。

このプロジェクトを主催した以上は、今もこれからも、その努力を続けるかどうか決断を迫られる（私が関わった変容型シナリオ・プランニングのプロジェクトのうち半分は、この第一ステップ、招集段階で失敗している）。話をする相手のほとんどは、このイニシアチブに懐疑的なはずだ。現状を築くのに心血を注いだ人や、現状に対処するための競合する別の活動に身を投じている人のなかには、敵意をもつ人すらいる。それでも、求心力のない断片化と分裂に打ち克つために頑張らなければならない。それが、そもそもプロジェクトをやってみようという動機だったのだから。さまざまな人と一緒に何度も試みてやっとプロジェクトが離陸する道が見つかるかもしれない。失敗して、立ち去ることを決意するか、別の時に別の方法でやってみることを決意することもあるだろう。

この第一ステップ、招集段階がうまくいけば、変容型シナリオ・プランニングのプロセスが生み出す変容型の成果の萌芽が見えてくる。まず、幅広い関係者との会話をとおして、自分が属しているシステムの中や周辺で何が起きているか、何が起こりうるかについて何らかの初歩的な理解が得られる。また、ほとんどが以前は顔を知らない者どうしだった多様な関係者から成るグループは、ある程度までの相互理解と相互信頼で関係を築きはじめる。さらに、このプロセス内で、またそれを超えて何ができるかという意図もはっきりしてくる。

第4章

ステップ② 何が起きているか観察する

変容型《トランスフォーマティブ》シナリオ・プランニングのプロジェクトの第二ステップは、シナリオ・チームが、自分たちが属し、影響を及ぼしたいと望んでいるシステムで何が起きているのかについて大まかな共通理解を確立することだ。メンバーは、システムの異なる立場を代表し、システムを異なる視点から捉え、この活動に参加している。だから、第二ステップでは、メンバーが普段のものの見方を超えて、新鮮な目で見ることが必要だ。そのためには、システムの自分が属する部分だけでなく、できるかぎりシステムの全体像を見ることが求められる。そして、そのためには心を開いて、探求し、学ぶことが必要なのだ。

より多くの人がより全体を見られるようにする

一九六〇～一九九六年まで、グアテマラは大量虐殺を招いた内戦に苦しみ、国の社会構造《ソーシャル・ファブリック》はずたずたになった。総人口七〇〇万人のうち、二〇万人以上が〝行方不明〟となり（殺され）、一〇〇万人以上が強制移住させられた。グアテマラ国家は、この暴力のほぼすべてに責任があり、グアテマラ先住民に対する暴力行為のほぼすべてを指揮していた。[1]一九九六年、グアテマラ政府と反政府勢力が和平協定に調印した。一九九八年、国の多様なリーダーたちのグループ――大学総長一人、先住民指導者一人、人権活動家一人、国連大使一人、閣僚一人、実業家二人――が、国民がともに先を考え、社会構造の修復や和平協定の履行に貢献できるようにしようと「ビジョン・グアテマラ」というプロジェクトを開始した。[2]このプロジェクトは政府の協賛で開催され、国連開発計画（ＵＮＤＰ）から資金提供を受け、管理はグアテマラ管理者協会が行った。発起人たちは、エレナ・ディエス・ピントをプロジェクト・ディレクターに選んだ。彼女の専門的能力と個人的資質から適任であることに加え、超党派と目されていたので（発起人の一人によれば、彼女は「よい香りもしないし、悪臭もしない」）、どのセクターにとっても信頼できる人物だったからだ。

シナリオ・チームには、政治家、聖職者、ジャーナリスト、労働組合員、先住民指導者、ＮＧＯ活動家、元ゲリラや元陸軍将校など、あらゆるセクターのトップ・リーダーたちが集められた。エレナ・ディエスの観察によれば、当初のチームはいつもながらの陣営に分かれていたという。

　初回ミーティングの前に昼食をとろうとホテルに着いたとき、私が最初に気づいたのは、先住民の人たちがまとまって座っていることだった。軍の男性陣もまとまって座っていた。人権団体もまとまって座っていた。「お互い話しかけるつもりはないな」と思った。私たちグアテマラの人間はとても礼儀正しくすることが身についている。礼儀正しくするあまり、口で「イエス」と言っても心は「ノー」なのだ。礼儀正しすぎて、ほんとうの問題が決して現れないのではないかと心配だった。(3)

　未来について生産的に話し合うために、チームはまず過去と現在について語るための共通言語を創り出す必要があった。最初の二回のワークショップは、異なる経験と解釈を共有し、理解しようとすることに費やされた。これほど分裂し、お互いに異質な人たちで構成されるチームでは、どうということのない出会いでさえも、すばらしい驚きであり、得るところが多いものとなりえた。ある日、私はメンバー全員にパートナーを一人選び、二人でホテルを出て町を一時間散歩してはどうかと呼びかけた。自分とは最もかけ離れていると思う人を選ぶという条件をつけた。散歩から戻ると、なかには共通の文脈《コンテクスト》を違う目で見た驚きにほんとうによろめくほど衝撃を受けている人もいた。ある政府役人は後にこう述べている。

私たちはほかの人たちの大いなる豊かさに気づいていない。それが見えないのだ。正直に言えば、その人から学ぶことがあるとは思いもしなかったような人から、たくさん、それも相当たくさんの学びを得る(4)。

こうしたシナリオ・チームのメンバーどうしの出会いの多くは、ドラマチックで変容をもたらすものだった。著しく異なる背景、イデオロギー、世界観の人たち——元ゲリラや元陸軍将校、右翼の実業家、左翼の活動家、地方の先住民指導者、都会のエリートたち——が、四回にわたる三日間のワークショップで誠実にオープンに話し合い、共同作業を行った。その結果、より多くのメンバーが自国を、お互いを、自分自身を見つめるようになった。こうした出会いは私にとっても変容をもたらすものだった。このプロセスで明らかになり、生み出されていくことの恐ろしさと美しさに心動かされて涙し、歓喜した。

一度メンバーに自分にとってグアテマラの今の現実を象徴する物をワークショップに持ってくるよう頼んだことがある。椅子を丸く並べて、一人ずつ持参したものを紹介し、円の中央に置いた低いテーブルに並べていった。こんなものがあった。トウモロコシの穂軸——トウモロコシは主食であり、食べ物を増やす種であり、先住民の神話によれば、人間はトウモロコシからつくられたという。鮮やかな多色使いのウールでつくられた伝統織物の衣類数点

――グアテマラの多様な民族集団を表す。五歳の娘の写真。和平協定の写し二通。内戦で強制移住させられた先住民の調査を実施して暗殺された人類学者、マーナ・マックのポスター。こうして、チームはグアテマラの複雑な状況に対する多様な解釈を比喩的に表現する豊かな絵をつくりあげていった。

第二回ワークショップに向けて、チームが詳しく知りたいと思っているさまざまなテーマに関する講演者たちによるパネルとの一日討論会を私たちは開催した。チームが特に引きつけられたのは、いかにしてグアテマラが今日の姿になったか、くっきりと対照的な解釈を提供した歴史学者たちのパネルだった。この歴史学者たちの一人は、博士号の学位をもつ先住民の教授であり、彼の存在そのものがチームにとって啓発的だった。先住民はグアテマラの人口の半分を構成しているが、ほとんどは冷遇されてきたからだ。

また別のワークショップでは、チームはバスで移動して、ワークショップ会場から数時間の地方の高地にある大規模な先住民協同組合を訪問した。この「ラーニング・ジャーニー（学びの旅）」もまた啓発的だった。首都に住むエリートのほとんどが思いもしなかったほどに洗練され、成功している事業がそこにあった。また、長時間バスに揺られながらくつろいで深い会話をする機会にもなった。

こうして種類の異なる系統立った学習体験があったことで、国で何が起きているか、何が起こりうるかについてチームは共通理解を確立しやすくなった。なによりも、そのおかげでチームは三つのシナリオの可能性について理解することができた。一つは、独裁的リーダーシップに依存しつづける危険性を示した「蛾の幻想」シナリオ（炎の周りでブンブン飛んでいる一匹の蛾のように）、もう一つは、進路が定まらず、むらのある発展の「カブトムシのジグザグ歩行」シナリオ、そして全員の多様な貢献により建設され、啓発される社会システムという先例のない「蛍の飛行」シナリオである。より広い視野で過去と現在を見ることで未来を見る視野も広がったのだ。

今の現実を系統立てて吟味する

一九九六年、あるシナリオ・プロジェクトがカナダで始まった。ケベック州の分離独立とそれに伴うカナダ解体の是非をめぐり政治の二極化が高まってきたというのが背景《コンテクスト》だった。政治家はじめ、各方面がこの問題を何十年も解決しようとしてきたが、成功させられずにいた。前年にケベックで行われた住民投票では、わずか一％の票差で分離独立が否決された。シナリオ・チームには両極の関係者が含まれており、プロジェクト名「未来のためのシナリオ」は慎重に中立を意識した表現だった。主催者たちのプロジェクトの目的に関する声明も次のように中立を意識したものだった。

「未来のためのシナリオ」を主催するのは、幅広い見解と利害を代表した関心の高い市民たちである。私たちはただ一つの目的のために結集した。すなわち、カナダ人の間に未来についての対話を促す新しい機会を創出することである。主催者たちは、その対話の結果が何であるべきかについての指向は共有していない。私たちの見解は異なっている。しかし、このような真剣な話し合いが、そして共通理解を育てることが不可欠であり、急務であるという確信は共有している。(5)

スタッフは、構造的に整えて準備したリサーチを行ってシナリオ・チームを支援した。初回ワークショップで、チームはもっと学ぶ必要があると考える四つの具体的なテーマに合意した。それは（一）統治者と被統治者の関係の変化など、統治に対する新しいアプローチ、（二）仕事の未来と所得分配、（三）経済的境界と政治的境界の関係の変化など、グローバリゼーションが経済と政府に与える影響、（四）グローバリゼーションがポストモダン的視点の出現に与える影響、およびポストモダン的視点が社会や統治に与える影響、だった。

第二回ワークショップの前に、私たちスタッフは四つのテーマに関する傑出した一五本の論文を探し、チームに送った。また、これらのテーマに関する一流の思想家一〇人をワークショップに招き、四つの半日パネルになってもらい、講演と質疑応答を行った。この講演者を私たちは「リソース・パーソン」と呼んだ。チームに知識や結論を押しつける専門家というよりはチームのリソースになるという役割を強調するためだった。各パネルの話を聞きながら、チームはそのテーマの未来について確実なこと・不確実なことを検討した。その後、私たちはワークショップを一三五ページの記録にまとめた。これを読めば、どのメンバーの発言かは特定されないが、ワークショップで提起され、合意に至った主要点がわかるようになっていた。このように今の現実を系統立ててしっかりと吟味したことは、後日チームがシナリオ作成に取り組むための強い基盤となった。

再認識を可能にする空間づくり

二〇〇八年、友人や仲間が集まった小さいグループが、分裂して二極化しているイスラエルのユダヤ人の間に共通基盤を築き、共通の方向性を打ち出そうと「ユダヤ系イスラエル人の旅」プロジェクトを開催した。(6) 主催者たちの見方では、ユダヤ系イスラエル人の分裂が深まっており——左派と右派、敬虔派と世俗派、タカ派とハト派、入植者と一九六七年以前の国境内に住む人たち——そのせいで、イスラエル内外でパレスチナ人と平和に共存することを含め、イスラエルが多数の複雑な課題に対処するのがますます難しくなっていた。チームに協力していた研究者のオファー・ザルツバーグは、このプロジェクトの根拠を次のように述べている。

対立は不協和音になった。時の経過につれて、話し合いはますます二極化し、タブーに満ち、短絡的になってきた。そのためにイスラエルのユダヤ人は共通の戦略に合意する現実的能力がないままになっている……鍵になる可能性の地図を描いてみることは、ある戦略に合意することに向けた非常に重要な足がかりである。集団としてのユダヤ系イスラエル人が、願望ではなく、有望なことに焦点を絞ることが必要とされている(7)。

「自分たちと子孫が誇りに思える社会、非ユダヤ人の隣人と共存できる社会はどんな社会になると想像できるか?」という問いへの答えを協力して探すために、主催者たちは多様で横断的なユダヤ系イスラエル人リーダーを招集した。この全体論的《ホリスティック》な枠組みの革新的なところは、ユダヤ人の価値観とビジョンという行き詰まった内的な問題を、それと関連のある緊張をはらんだ外的な問題という文脈《コンテクスト》で再考することだった。

ユダヤ系イスラエル人どうしの不和、そして彼らとその隣人の不和は、政治的・知的・社会的分離の増大に現れているだけでなく、物理的な分離の増大(たとえば、ヨルダン川西岸地区の境界と内部に建設されている「分離壁」)と結果的な共有空間の縮小にも現れていた。だから、このプロジェクトの重要な特徴の一つは、一時的な共有空間の創出だった。チームのメンバーが会って、活動できる空間だ。この共有空間はつくるのが難しかった。というのも、どこで会うか、どんなルールにするか、だれを参加させるかをめぐって初めから意見の相違が多々あったからだ。この空間は、私にとっては厄介な大家族の空間のように感じられた。連帯感や共通の運命がありながら、長年の論争や恨みもたくさんある、そんな大家族のようであった。

最終的にチームは、イスラエルと近隣のキプロスの二カ所で、四日間のワークショップを三回実施して顔を合わせることになった（開催地が二カ所になったことで、チームは異なるローカルな現実を知るラーニング・ジャーニーをすることになった）。

「ユダヤ系イスラエル人の旅」シナリオ（2008年）

シナリオ	ユダヤ人の主権	ユダヤ人のアイデンティティ
ユダヤ人の家	国民国家（領土）	正統派の敬虔なシオニスト*の軍国主義者による主導権
2つの民族のための2つの家	国民国家（民族）	世俗派のシオニストの国家主義者による主導権
2つの民族のための1つの家	主権なし	共同社会（公私ともにユダヤ人だがユダヤ人国家はなし）
共有の家	制限ある主権	民族的領土集団（ユダヤ人であること＝文化的自治）

*シオニズム（ユダヤ人の国家建設運動）を支持する人

メンバーのなかに月曜日から水曜日まで議事を行うイスラエル議会の議員が数名いたので、ワークショップは木曜日から日曜日まで、ユダヤ教の安息日（金曜日の夜から土曜日の夜まで）をはさんで行われた。チームには敬虔派のユダヤ人がたくさんいたので、安息日の二四時間は公式な会合、文章作成、移動はじめ何も作業はできなかった。

この強制的に仕事をしない期間が、驚いたことに、結果的にプロセス全体のなかで最も実りあるものとなった。チームは安息日を利用して一緒にくつろぎ、祈り、食事をとりながら話をした。メンバーは非公式に思慮深い話をした。土曜日の朝には、集まってトーラー（律法）からその週に定められた章（パラシャー）を勉強した。こうした集いは、いつも友好的で議論が盛り上がり、共時性（シンクロニシティ）があり、パラシャーが決まって深遠な問いを提起した——たとえば、宗教性、社会階級区分、隣人らしさなど。チームのシナリオ・ワークの核心をつく問いだった。

あるスタッフ・メンバーが後に次のように振り返っている。

最後のほうのミーティングで、入植地ラビ協議会から参加しているラビ（宗教指導者）のアズリエルは、共同作業をとおして自分の見方が根本的に変化したことをじっくり振り返っていた。彼はこう言った。「今見えていること、そして驚いていることがあります。それは、自分は好きでもここにいる皆さんを考慮しないシナリオよりも、自分では選びそうにない、好きではないものの、自分や自分にとって必要なことが考慮されるシナリオに生きたい、そう私が思っていることです」。この発言の後、部屋は神聖な沈黙に包まれた――イスラエル人はあまり沈黙しないのだが。これは、私たちの旅路の苦労や試練の数々が報われる恩恵に浴した貴重な瞬間の一つだった。(8)

チームがつくる特別な空間では、メンバーが自分たちの現在と起こりうる未来を新しい目で見ることができた。特に、ばらばらの夢と悪夢を乗り超えて、現状を問い直す四つのシナリオを明確に表現することができた。ユダヤ系イスラエル人の主権とアイデンティティをどう理解し、どう組み立てることができるかで分類された、根本的に異なる特徴的な四つのシナリオだった。分離と行き詰まりで描写される文脈《コンテクスト》で、チームは協力して前進する方法に新しい可能性を開いたのだ。

何が起きているか観察するには

シナリオ・チームを招集し、一緒に仕事を始める準備ができたとしよう。チーム全員がシステムの未来に関心があり、それを心配しているが、未来に何が起こるべきかについてはおろか、過去に起こったことや現在起きていることの何が真実で何が重要かについてさえ、根本的に理解が食い違っている。そのうえ、未来は直接学べない。学べるのは過去と現在だけである。SF作家のウィリアム・ギブスンはかつてこう言った。「未来はすでにここにある——ただ均等には行き渡っていないだけだ」(9)。だから、このシナリオ・ワークの第二ステップは、過去と現在を体系的にかつシステム全体として学ぶことになる。

シェルのシナリオ・チームの創設者の一人、ピエール・ワックによれば、シナリオ・ワークの最も重要な局面は、複雑さに満ちた今の現実を吟味する、この〝息を吸う〟局面であり、これが後にシナリオのストーリーを作成し、行き渡らせる〝息を吐く〟局面の基盤になるという。今の現実を浅く吟味すれば、未来に現実となりそうなことについてのストーリーも浅く、わかりきったものになる。ワックは認知の厳密さをこう強調している。「未来を見るというのは、正しく焦点が絞られた状態で見て、理解を束縛から解き放ち、自由なものとするための鍵となる事実もしくは洞察にぴたりと指を当てるということだ。したがって、シナリオづくりの本質は鋭い認知、より正確には鋭い再認知——古い認知からも偏見からも同時に自由になること——である(10)」

ひきつづき、器、すなわちチームが仕事をする場に配慮する必要がある。場の質は結果の質を決定づける。この文脈《コンテクスト》では、場とは物理的なミーティングの場所と、つくりだそうとしている〝社会的な島〟の政治的・心理的・精神的性質という意味の両方を指す。ハード面では、気を散らさずに仕事ができる場所を探さねばならない。ソフト面では、チームが安全だと感じてくつろいだり、新しい考え方やつきあい方を共有したり、試したりする気になりやすく、また実際にできる空間が必要だ（イスラエルのチームがそうしたように）。シナリオを作成する作業において何を、だれと話すか、どんな結論を出すかは、いかなる場合でもシナリオ・チームが自由に決めなくてはならない。主催者や資金提供者やファシリテーターが押しつけてはいけない。だから、チームが創造的かつ生産的に協働しやすいように基本ルールも決めておく必要がある。

全体としてのシナリオ・プロセスは創発的プロセスである。この観察ステップも創発的であり、よって三つの局面を繰り返すリズムをもっている。すなわち、たくさんの発想と選択肢を考え出す**拡散**の局面、それらを時間をかけて徹底的に考え、話し、〝醸成〟する**創発**の局面、何が重要か、何に合意するか、次に何をするか結論を出す**収束**の局面だ[11]。この三つの局面の動きを意識することが必要だ。なぜなら、拡散の局面では多様なインプットを促すためにオープンであることが必要であり、創発の局面では、混乱し、不快でありながら創造的であるゆえにそれに耐える忍耐が必要であり、収束の局面では、すべてが決着し、すべてに合意が形成されるわけではないにしても、何かを決定して先へ進む自信が必要だからだ（シナリオ・プロセスは反復性のあるものだから、必要ならば、後で再びこの観察ステップに戻ってもかまわない）。

この観察ステップの**拡散の局面**では、時間と資源《リソース》の許すかぎり、できるだけ多くの視点からシステムの中や周辺でこれまでに起きたこと、今起きていることを吟味する。方法はいろいろあるが、チームのメンバーが今起きていることに対する自分の理解を意識し、疑い、深めるのに最適なものを選ぼう。最も基本となる活用資源は、メンバーが経歴やシステム内での立場が異なるからこそもっている異なる視点、事実、解釈である。これにメンバー以外の人の視点、事実、解釈を加えることになる。

チームで旅をしてシステムの異なる箇所を訪ねてもいい（グアテマラのチームが先住民の協同組合を訪ねたように）。こうしたラーニング・ジャーニーを行うと、特定の地理的範囲において、より大きなシステムで起きていることのさまざまな重要な側面を具体的に示す人や物や場所と出会う——おそらく何かひらめくような、おそらくはっとするような、おそらく好奇心をそそられるような出会いになるだろう。こういう出会いの価値は、今起きていることについてチームがもっと正確で深い話し合いができるようになることだ。それは、別々の体験を語るだけでなく、共通の体験だが違う見方をし、違う解釈をしたものを語れるようになるからだ。

リソース・パーソンに研究論文の用意を依頼するとか、チーム・ミーティングへの参加を要請して詳しく知りたいテーマについて話してもらう方法もある（カナダのチームがそうしたように）。リソース・パーソンになる人は専門的な研究者の場合もあれば、ピエール・ワックが言うところの「注目すべき人物」、つまり、システムで何が起きているか根拠の確かな別の見方をしている人の場合もあるだろう。[12] こうしたミーティングでの学びを効果的にする鍵は、相互作用が学び手（チームのメンバー）によって引き出されることだ。一般的な会議の形式でありがちなように、発表者によって押しつけられるのでは効果がない。

システムで起きていることを観察するもう一つの方法は、自分自身を観察することだ（イスラエルのチームがそうしたように）。理解し、影響を及ぼそうとしている社会システムのある程度の小宇宙《ミクロコスモス》になっているチームならば、そして自分の内部やメンバー間で何が起きているか――出来事とパターン、思考と感情――に注意を払い、話したいと思うならば、会議室にいながらにして、より大きなシステムに存在する重要なダイナミクスの一部を観察する機会がもてる。

　この観察ステップの**創発の局面**では、個人として、あるいはチームとしても、時間をかけて、たくさんの観察したことに浸りきり、システムで何が起きているか理解しようとする。このとき大切なのは、自分の観察を口頭や配布資料で共有するだけでなく、チーム全体に見える化し、また見つづけられるようにしておくことだ。たとえば、フリップチャートや付箋紙に書いたり、図示したりしてもいいし、日用品や玩具ブロックで物理的なモデルをつくってもいい[13]。こうして頭の中にあることを見たり、触れたりできる形で表現しておくと、見る、整理する、分解する／組み立てる、改変する、などによって観察していることを集団として理解しやすくなる。

　観察したことを理解する一つの方法は、駆動力《ドライビング・フォース》を探すことだ。駆動力とは、システムの中や周辺の社会的（S）、技術的（T）、経済的（E）、環境的（E）、文化的（C）、政治的（P）な力であり、少し変化しただけでも、あなたにとって重要なシステムのSTEECP各側面に大きな影響を与えるものである。駆動力は次の三つのレベルで探すことができる。観察できる出来事のレベル（新聞の見出しのように）、時間や空間を越えた出来事の反復パターンのレベル、システム構造のレベル（システムの異なる部分の関係、資源配分と権力の関係、規則や習慣と思考様式の関係、など）である。[14] たとえば「政治が環境問題に注目する度合い」が駆動力だとしよう（その小さな変化が技術やエネルギーやビジネスの動向に大きな影響を与える）。この駆動力は、出来事のレベルでは、ある発電所にとって有利になるか不利になる規制の決定として現れる。パターンのレベルでは、そういう規制が連続して決定されることに現れる。構造のレベルでは、新しい法律や環境運動組織や消費習慣として現れる。

システムの中や周辺で起きていることの完全なモデルをつくろうというわけではない。それは不可能である。今起きていることに関するチームの話し合いを体系化し、深めるということだ。特に出来事やパターンの観察だけでなく、根底にある構造についての仮説も含めてほしい。構造レベルでシステムを見る能力が高いほど、そのシステムを理解し、動かす能力も高くなる。

観察ステップの**収束の局面**では、システムで現在起きていることのうち、未来を最も大きく左右することについて結論を出す。この結論は暫定的なものとなる場合もある。観察ステップと次のステップの間を何回か行ったり来たりしてから、結論を出してもいいだろう。シナリオ作成に特に役立つ結論の一つは、**確実なこと**と**不確実なこと**のリストである。チームにこう聞こう。私たちのシステムを動かしている力のシステム構造のレベルを見たとき、未来に確実に起こることのうち最も重要なことは何だろう？　未来に起こるかどうか不確実だが最も重要なこと、そして、それぞれの両極は何だろう？　確実なことは、その名のとおり、全シナリオに存在することになる。一方、不確実なことはシナリオを区別する重要要因になる。先の例なら、確実なことは、たとえば環境問題に対する世間の意識が高まることだ。不確実なこととしては、政治が環境問題と経済問題の相対的な優先順位をどうつけるかが考えられ、この両極は、経済問題より環境問題に高い優先順位を割り当てること、およびその逆になるだろう。

システム全体の今の現実について完全なモデルはつくれないように、未来の確実性と不確実性も正確に測ることはできない。今の現実を規律をもって偏見なく観察し、根底にあるシステム構造を体系的に忍耐強く吟味することをとおして、確実なこと・不確実なことについてチームで合意に達することしかできない。

この第二ステップの観察、そして第三ステップのシナリオ作成では、起こってほしいことではなく、起こる可能性があることに焦点を当てておかなくてはならない。変容型シナリオ・プランニングをやってみようという動機は、よりよい未来の創造に貢献したいと強く思うことだが、同時に、この活動では今よりよい未来も悪い未来もひっくるめて、さまざまな起こりうる未来を冷静に吟味することも要求される。これが適応型ではなく変容型のシナリオ・プランニングを実施するうえでのジレンマの一つだ。このジレンマには、情熱的な姿勢と冷静な姿勢を切り離したり、切り替えたりして対処しよう。第二・三ステップでは、冷静な姿勢を崩さないようにしなくてはならない。つまり、今起きていること、起こりうることの何が望ましい・望ましくない、好き・嫌い、よい・悪いという話し合いは後に回すか、少なくとも抑えるということだ。そうした判断は観察ステップやシナリオ作成ステップを曇らせてしまう。情熱的で何らかの基準に照らして評価する姿勢に戻ってもいいのは、第四の発見ステップのときだけだ。

こうして、この観察ステップが終わるまでに、変容の成果は積み上がっていく。チームには豊かな共通理解があり、自分たちが属するシステムのできるだけ全体をできるだけ多くのメンバーが見ている状態になった。複雑で異論の多い領域を一緒にじっくり考えながら探求した経験から、また、どこに同意できて、どこに同意できないかをはっきりさせたことから、システム横断的な関係も深まった。そして、システムで起きていることのなかでチームの気づきとエネルギーを注がれるべき、共通の意図ができあがりはじめている。

第5章 ステップ③ 何が起こりうるかについてストーリーを作成する

変容型《トランスフォーマティブ》シナリオ・プランニングのプロジェクト第三ステップは、シナリオ・チームが自分たちのシステムの中や周辺で何が起こりうるかについて有益なシナリオの組み合わせを作成することだ。有益なシナリオであるためには、取り組む問題に〝関連〟しており、現状認識や固定観念に〝一石を投じ〟、〝現実味があり〟、〝明確〟なものでなければならない。有益なシナリオなら、システム全体の関係者の思考や行動を喚起し、実際に動かすことも可能だ。

二つの鍵になる不確実なことから演繹法で四つのシナリオをつくる

「グレート・ジンバブエ・シナリオ」チームは、自国の歴史、ワークショップに招いたリソース・パーソン（第4章参照）たちの見方、自らの経験を徹底的に話し合うことで未来に確実に起こること、起こるかどうか不確実なことについて共通理解を深めた。グレート・ジンバブエ遺跡に隣接するホテルで開催された第三回ワークショップまでに、不確実なことのうち未来を理解するために不可欠だと思われる二つのことにチームは焦点を絞りつつあった。

　鍵を握る不確実なことの一つ目は、ジンバブエ国民が貧困を味わうか幸福を味わうかだった。二つ目は、ジンバブエのさまざまなレベルのリーダーたちが国民と心を通じ合わせ、国民と向き合い、国民に共鳴し、異なる集団を結束させ、それによって社会の目標をめざして集団のエネルギーを生み出せるかどうかだった。チームは、この第二の不確実性を、政治や社会の多様性と包摂《インクルージョン》（二一頁参照）に関する最も痛みを伴い、議論を呼びそうで、重大な諸問題に結びつけて考えた。チームはまた、人と協力すれば、第二の不確実性の結果が変わる余地があり、したがってどちらのシナリオに現実味があるか判断しやすくなるとも考えた。

　この第三回ワークショップでは、政党と安全保障セクターの有力者数名が新しくチームに参加した。初日、この人たちの参加によって論争と緊張が生まれた。その晩、私はろくに眠れなかった。しかし、二日目の中頃までには、グループ全体が打ち解けた創造的な流れに入った。私はほっとした。その午後、チーム全員がグレート・ジンバブエ遺跡を散策し、静かに内省しながら会議室に戻った。三人のメンバーがこんな感想をもらしている。「恐れずに自らを信じ、無から何かを創造した人たちの驚くべき建造物にみんなが畏敬の念をもてたということは、私たちも自らを疑うのではなく、自らを信じれば、未来の世代に畏れ敬われ、称賛される可能性があるということになる」……「遺跡は私にリーダーシップやビジョン、耐久力、自律について語りかけてきた。私たちにそんなしっかりしたリーダーシップがあれば、何でもできるだろう」……「私にとっての学びは、一緒に歩く相手を選ぶこと、つまり、普段は一緒に歩かない人と歩くことを選びながらも、目的地は同じ、偉大な場所へ行くのだとわかっていることだった。この国を築くということは、文化的、人種的、政治的な橋を渡って関係を築く意欲をもつということ――自分を心の安全地帯から連れ出し、慣れ親しんだものとは違う会話に足を踏み入れることである。この思い込みの保留（五八頁参照）は最大の恩恵であり、違いを超えて一つの話し合いをすることにつながっている[1]」

このワークショップの間に、チームは二つの鍵になる不確実なことから演繹的に導き出した四つのシナリオの内容に合意した。そしてシナリオの名前を選び、同じジャンルの名前（動物の名前など）のセットをいくつか考えたが却下し、最終的に四つのシナリオの根本的な違いが呼び起こされるように国民性、機械、二種類の動物というジャンルの混在した名前を選んだ。その後の数週間で、チームは四つのシナリオを書き上げ、それぞれのメタファー（隠喩）を盛り込み、それぞれが提起する具体的な課題を探求した。

「石の民族」*は、国民のニーズに敏感で、歴史的に国を形成してきた社会・経済・政治問題にうまく対処する政府を描写している。グレート・ジンバブエ遺跡は、美しく切り出された石のブロックで建造された注目すべき建築作品であり、ブロックがモルタルで接合されているわけではないことから、卓越した技能と技術革新がうかがえる。幾歳月のしめやかな雨、やわらかい日差し、ときおり襲う嵐、強烈な太陽にさらされても、遺跡はその特色を保ってきた。壁の一部が崩れはじめている場所もあるが、廃墟ではない。このシナリオの大きな課題は、国家指導者たちが、その相違を脇に置いて、共有する国の価値観やビジョンからだれもが帰属できる一つの国家を築けるかどうかだ。

グレート・ジンバブエ・シナリオ（2012年）

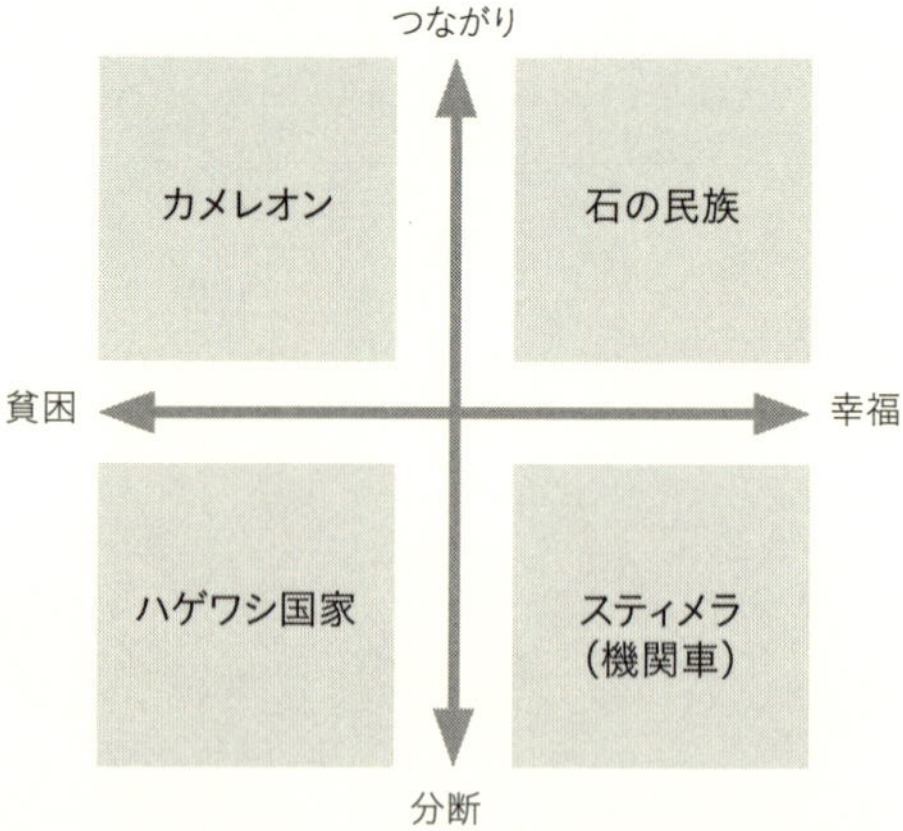

「スティメラ」（ンデベレ語で「機関車」）は、実現性のある開発ビジョンを掲げ、それを支持する国民を結集し、このビジョンを取り決められた開発計画に従ってうまく実行する指導層を描写している。機関車は、輸送の重要な形態であり、産業と経済を円滑に運ぶ。機関車は周知の定められたルートを走る。新しい道は創造せずに、ただ冷たい鋼鉄の線路を走り、貨物や乗客を望む目的地まで運ぶ。意外な回り道などはしない。このシナリオの大きな課題は、方向性の決まった開発アプローチによって指導層から国民の関心が離れてしまうかもしれないことだ。

「ハゲワシ国家」は、国民と理解し合うのを怠り、一握りの人にだけ利益のある国の開発課題を追求する政府を描写している。ハゲワシは、餌になる死骸が手に入る場所をあさり、ボリューム満点の食事になる弱い獲物を見つけるコツを心得ている。獲物が戦いを挑めば退散するが、決して遠くには飛び去らない。獲物を生きたまま食べても良心がとがめることもない。このシナリオの大きな課題は、指導層が国の発展に専念し、私腹を肥やすことには関わらないでいられるかどうかだ。

＊ ジンバブエは「石の家」を意味する。

「カメレオン」は、政治家が自分の党派やイデオロギーに基づく政策上の立場に結びついたまま政治を行うので、国を前進させるのに苦労する連立政権を描写している。動きの遅いカメレオンは、まず環境に合わせて体色を変化させることで脅威と戦う。獲物を追いかけるときや危険に遭遇したときはかなりのスピードを出せるが、それでも危険に反応するのに失敗したり、不意打ちを食らったりすることがある。いつも環境の色に溶け込んでいるせいで本来の色は忘れられてしまいがちだ。このシナリオの大きな課題は、一つの国家を建設するために、統治の包括的システムが多様性を巧みに操縦する発展の道筋をつけられるかどうかだ。

ジンバブエがきわめて分裂し、対立しているさなか、四つのシナリオは、この国が直面する選択と課題について全セクターが一つの考え方にまとまるという意義深い収束を象徴している。

帰納法で既成概念を破るシナリオをつくる

二〇〇九年、南北スーダン――両方合わせるとアフリカ最大の国土、九カ国と国境を接する——は、一九八三〜二〇〇五年に二〇〇万人が殺され、四〇〇万人以上が住むところを追われた内戦に逆戻りする寸前かに見えた。その内戦は包括和平合意（ＣＰＡ）に調印して終結した。包括和平合意では、二〇一一年に南スーダンの分離独立を問う住民投票を実施することが取り決められた。しかし、再び対立はエスカレートし、包括和平合意が履行されず、状況が破綻し、地域全体を紛争に陥れるのではないかと現地でも国際社会でも懸念されていた。

南アフリカを本拠とするシンクタンク、安全保障研究所が変容型シナリオ・プランニングのプロジェクトを計画した。(2) 北スーダンの支配勢力である国民会議党（ＮＣＰ）と南スーダンの支配勢力であるスーダン人民解放運動（ＳＰＬＭ）の最高指導者たち、および国内や海外の関係者が、プレトリアで開催される四日間のワークショップへの参加を要請された。招かれた人たちは、切迫した普段の文脈《コンテクスト》から一歩離れてみることは有益かもしれないと理解し、ワークショップ参加を承諾した。ＳＰＬＭ幹事長のパガン・アマムはワークショップの前に私にこう語った。「私は奥地で戦っていたから、悲惨な結果をもたらすとはっきりわかっている進路に直面していながら、状況によってはその進路を選択せざるをえないプレッシャーがかかることもあることは百も承知だ。私は仲間に立ち止まって、一歩下がり、自分たちが何をしているのか慎重に考え抜く機会をもってもらいたい」

いくつかの国際的シンクタンクがすでにスーダンのシナリオを作成していたが、言うまでもない二つの不確実なことから始まり（南スーダンは分離独立するか？　南北スーダンは内戦に逆戻りするか？）、この二つから演繹的に導き出される四つのこれまたわかりきったシナリオだった（「戦争と分離独立」、「平和と分離独立」、「戦争と統一」、「平和と統一」）。今回のワークショップでは、私たちはこれにとらわれず独創的に考えてみたかった。そこでシナリオ作成の別の手法を使うことにした。チームはまず三〇通りのシナリオ候補をブレインストーミングした。このなかには、未来に起こりそうなこと、起こるべきことについて、さまざまな党派の通念を具体化したシナリオも含まれていた。この三〇通りのシナリオから、長く錯綜した話し合いを経て、チームは四つ選ぶことに成功した。自分たちや仲間がスーダンの未来について戦略的に考えるとき、その質を高めるために最も有益だと思われるシナリオだった。

チームが選んだ四つのシナリオには馴染みのものが二つ含まれていたが、ほかの二つは新しいものだった。まず、平和共存のシナリオ「決定的な夜明け」と全面戦争のシナリオ「決して昇らない太陽」があった。それから、あいまいな和解が何年も続き、明らかな戦争もなければ明らかな平和もない「その場しのぎ」シナリオ。このシナリオには関係者のだれもが備えていなかった。そして、戦争に逆戻りしないために包括和平合意を緊急迂回するシナリオ「バイパス」があった。これは、何年も困難な包括和平合意の履行に注力してきた全関係者にとって常識を外れた選択肢だった。

こんな生きるか死ぬかの問題についてシナリオを作成するという仕事に参加者が理性的に取り組んだことに私は驚き、胸を打たれた。アマムが望んだように、参加者のほとんどは何が起こりうるのか、それに対して自分は何ができるのか慎重に考え抜きたいと思っていた。北スーダンの参加者のテーブルに身を乗り出して、万が一、血なまぐさい「決して昇らない太陽」シナリオが現実になったら直面する機会と脅威の評価の仕方について彼らに助言したことを思い出す。

チームはありきたりではないシナリオを作成したことでありきたりではない結論に達した。一つは、住民投票の後でも回避しえない危険な対立を解決できるように、諸党派は包括和平合意の履行だけでなく、党派間の関係維持にもエネルギーを注ぐ必要があるという結論だった。国民会議党の大統領顧問、ムスタファ・オスマンが後にこう書いている。「そのワークショップでは全党派の違いはそう多くはなかった。しかし、過去にはそのわずかな違いばかりが増強されてきたのだ。今私たちが目を向けなければならないのは共通性である」(3)

二〇一一年七月、南スーダンは平和的に分離独立した。その後、南北国境沿いで紛争が勃発した。スーダンの未来は依然予測しがたくも影響を与えうるものだ。

何が起こりうるかについてストーリーを作成するには

今あなたのチームはシステム——コミュニティ、セクター、国、地域——の中や周辺で起きていることについて豊かな共通理解をつくりあげ、シナリオ作成の準備が整っているとしよう。次の目標は、どんな未来になるか無限に考えられるストーリーのなかから、最も役に立つと思われるストーリーを二〜四つ見つけ出すことだ（二つより少ないと予測やビジョンになり、シナリオではなくなってしまう。四つより多いと多すぎて覚えられないし、人に伝えたり、活用したりするのも難しくなる）。シナリオが有益なのは、次の四つの基準を満たす場合だ。第一に取り組む問題に**関連している**——現在の事情や問題に光を当て、現在の思考とつながりがあること。第二に**一石を投じる**——目に見えない重要なダイナミクスを可視化し、現在の思考に疑問を提起するものであること。第三に**現実味がある**——論理的で事実に基づくものであること。第四に**明確である**——わかりやすく、記憶に残り、シナリオどうしの違いがはっきりしていること。

前の観察ステップで作成した確実なこと・不確実なことのリストからシナリオ一式の作成に進むための一般的な手法は二つある。(4) 確実なことは、その名のとおり、全シナリオで同じ重み付けをもつ。それとは対照的に、不確実なことはシナリオごとに違う重み付けをもつ。

まず、**演繹法**（ジンバブエのチームが使った手法）は、不確実なことのうち鍵になるものを二つ選ぶことから始まる。この二つは、ほかの不確実なことに比べて、どちらもシステムに最大の影響を与えるが、最も予測できないものだ。さらに、この二つのうち一つもしくは両方の結果に、あなた（たち）——単独で、またはチームと、またはチーム以外の人たちと——が影響を及ぼせることも選ぶ基準になる。[5] この三つの基準をすべて満たす不確実なことから、未来に適応し、かつ影響を及ぼすためにとらなければならない行動は何かという問題を提起するという点で有益なシナリオが生まれる。

不確実なことを二つ選んだら、それを2×2マトリックスの二つの軸として使い、四つのシナリオをつくる。四象限（座標軸で区切られた四つの部分）の一つか二つがありそうにない場合もあるので、そういうときは最終的なシナリオの数は四つより少なくなる。有益なシナリオの元になる不確実なことが二軸に絞られるまで、重要な不確実なことの組み合わせを何通りか試してみる必要があるかもしれない。

もう一つの**帰納法**（スーダンのチームが使った手法）では、たくさんのシナリオ候補をブレインストーミングすることから始め、次にシナリオを分類してブレインストーミングを繰り返し、二〜四つの最も有益なシナリオを選ぶ。帰納法は、シェルで発展した「直観論理」アプローチの一形態であり、起こりうることについてのチームの集合的直観を活用する。[6]

どちらの手法も機械的なものではない。どちらにしろ、たくさんのストーリー候補からどれが最も有益なものか判断しなければならない。演繹法では、早い段階で鍵になる不確実なことを二つ選ぶとき重大な判断をする。一方、帰納法では、もっと遅い段階でたくさんのシナリオ候補から絞るときに重大な判断をする。演繹法では、まずシナリオ一式の構成を決めてから、各シナリオの構成を決める。一方、帰納法では、その反対になる。演繹法の主なメリットはよりストレートなこと、一方、帰納法の主なメリットはより創造的なことだ。どんな場合でも、選択基準は前述の四つの基準にしなければならない――たくさんのシナリオ候補のうち、〝関連している〟〝一石を投じる〟〝現実味がある〟〝明確である〟の基準を最も満たす二~四つのシナリオはどれか?

有益なシナリオの骨格を決めたら、その骨格に肉付けしていかなければならない。つまり、各シナリオを練り上げて、全体的なキーワードだけでなく、具体的な論理的ストーリーで構成するのだ。このシナリオでは、何が、なぜ、どんな仮定の未来の出来事(この出来事があの出来事につながり、その結果、別の出来事が起こる、など)をとおして起こり、その結果どうなるか、というように。シナリオの名前も選ぶ。各ストーリーの本質を正確にとらえ、そして情報を提供し、影響を及ぼそうとしている関係者の考え方に疑問を提起し、考えを広げる名前にしよう。

それから、すべてのシナリオを描写し、それらがお互いにどのように関係するかがわかるように視覚化した概念図を少なくとも一つは考え出さなければならない。表現方法はいろいろある。たとえば、ロジックツリー(第1章のモン・フルーの事例のように)、鍵になる不確実なことがどうなるかシナリオを比較した表(第4章のユダヤ系イスラエル人の事例のように)、各シナリオの現在から未来までの道筋を示したグラフ(第6章のディノケンの事例のように)、二つの鍵になる不確実なことの結果を縦横の軸にしたマトリックス(本章のグレート・ジンバブエや第6章の未来のためのシナリオの事例のように）、想像力をかきたてる絵（第8章のデスティノ・コロンビアの事例のように）などである。

最後に、チームの活動が説得力をもって伝わる方法でシナリオを記録する。いろいろな媒体がある。たとえば、簡潔もしくは詳細な報告書、ストーリーの結果起こることを具体的に数値化した分析、台本のあるプレゼンテーション、ビデオ、漫画、芝居など。シナリオの力の一面は、ストーリーであるからこそ思考や感情や行動を呼び起こせることだ。わけても変容型シナリオの力は、自分が属しているシステムの関係者についてのストーリーであり、その関係者のする選択とその選択の結果についてのストーリーだということだ。できあがったシナリオは、関係者がこの力を生かせるように伝えるべきだ。

できあがったシナリオは、システムの中や周辺で起きていること、起こりうることを正確に鋭く見抜いて描写し、システムの人たちが直面する機会と脅威と選択を際立たせている。さあ、これでこのシナリオを基にどう前進するか決める準備ができた。

第6章

ステップ④ 何ができ、何をなさねばならないか発見する

変容型《トランスフォーマティブ》シナリオ・プランニングのプロジェクトの第四ステップは、一連のシナリオがシナリオ・チームのメンバーたちに何ができ、何をなさねばならないと告げているか汲み上げることだ。その結論は、どうにもできないことに適応するためにとらなければならない行動かもしれないし、何らかの影響を及ぼせることに影響を及ぼすための行動かもしれない。その結論は、共同で行動するものもあれば、個別に行動するものもある。この第四ステップで、チームは自分たちの意図を結晶化させるのだ。

協力して行うこと、個別に行うことをはっきりさせる

二〇〇八年、モン・フルーに先行する南アフリカのシナリオ・プロジェクトの一つのスポンサーだった金融サービス・グループ、オールド・ミューチュアルが新しいプロジェクト「ディノケン・シナリオ」を開始した[1]（ディノケンはセペディ語で「川のある場所」という意味で、プロジェクトのワークショップの開催地名だった）。多くの南アフリカ国民が国内の動向について当惑し、懸念していた。一九九四年の民主的選挙以来、政権の座にあったアフリカ民族会議（ANC）は党派争いでかき乱されていたし、経済は慢性的な電力不足のせいもあって低迷、公教育・医療・治安システムも危機に瀕していた。話し合って何が起きているか理解したい、国の変革を再び軌道に乗せることに貢献する道を見つけたいと切望する声が国民の間にあったから、シナリオ・チームへの参加を要請されたリーダーたちのほぼ全員が即座に承諾した。

一〇日間の共同作業を経て、チームは三つのシナリオに合意した。社会の分裂と衰退が続く「離れて歩く」シナリオ、干渉主義で家父長的な国家の「後ろを歩く」シナリオ、市民参加国家と積極的に関与する市民が「一緒に歩く」シナリオだ。南アフリカの健全な未来は、市民とあらゆるセクターのリーダーが（政府まかせではなく）この国の解決困難な課題に積極的に断固として再び関わる《リ・エンゲージ》ことにかかっているという点にはチーム全員が賛同していた。一九九四年以前の反アパルトヘイト闘争の時代には多くの人がそうしていたが、一九九四年以降はほとんどの人がそうしなくなっていた。これは、後に三つのシナリオを普及させるときにチームが焦点を当てた中心的メッセージであり、南アフリカ国民が自分たちの状況を、その状況に対処するために何をなさねばならないかを考えるときに論じられた中心的メッセージでもあった。

しかし、チームのなかには「後ろを歩く」の結果が必ずしも「一緒に歩く」より劣るわけではないという意見の者もいた。二つのシナリオの違いは、国家が国の発展に果たすべき役割をめぐって南アフリカ国民の間に決定的な主張の相違があることの表れだった。また、望ましいシナリオとして、つまりビジョンや提案として一つのシナリオを選ぶ必要があるかどうかという点でもチーム内の意見が割れていた。したがって、各自の組織や自分の影響力の範囲では、メンバーは足並みのそろった行動方

ディノケン・シナリオ（南アフリカ、2009 年）

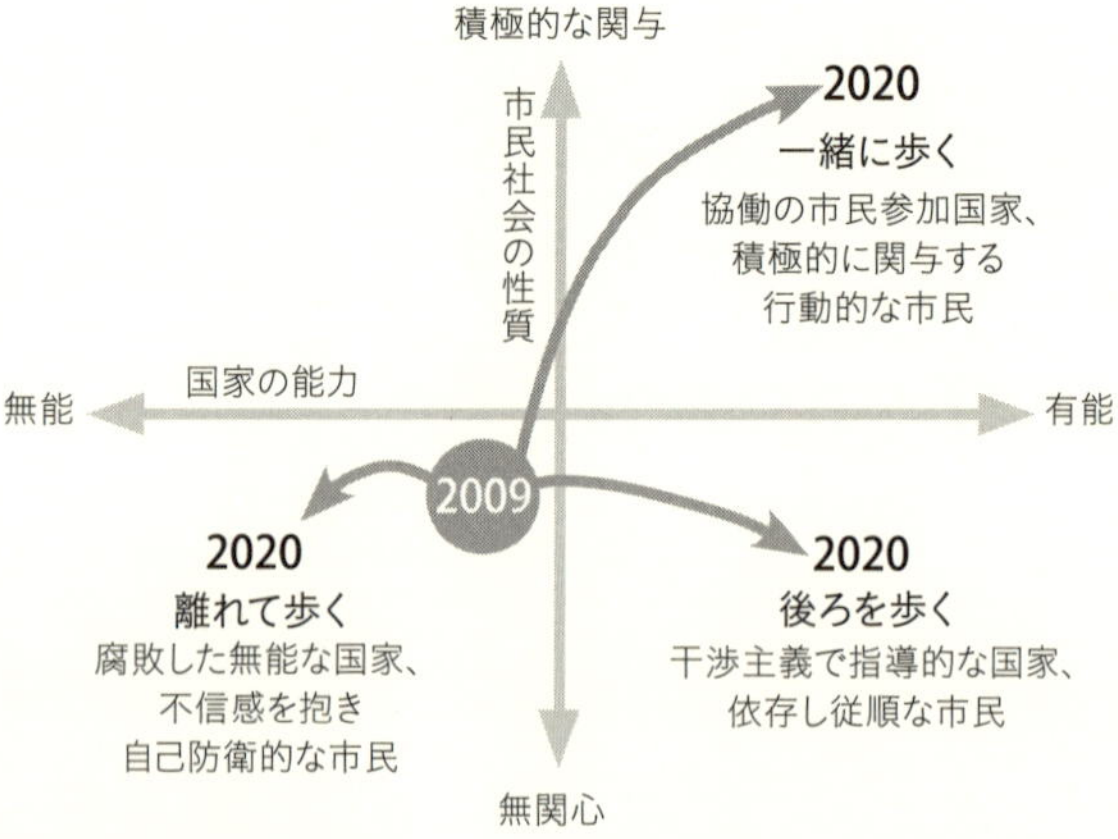

針にも、異なる行動方針にも従った。

ディノケン・チームのメンバーは、自分たちの状況とそのなかで果たすべき役割について共通理解を広げた。足並みがそろわない点が残ったことは、珍しいことでも問題でもなかった。このイデオロギー上も政治的にも異質な集団が、合意する必要があると思うこと、合意してもかまわないと思うことの限界に達したにすぎない。どの集団にもそういう限界はある。完全に足並みがそろう必要はないし、むしろそれは望ましくないくらいだ。大切なのは、システムが行き詰まりから脱して前進することにチームが貢献できることなのだ。ディノケン・チームはそれを達成した。

行動を生み出すのに失敗したシナリオ

カナダの「未来のためのシナリオ」チームは、〝現実味があって〟〝一石を投じる〟と思われるシナリオ一式に合意するのに苦労した。チームのメンバーの多くは、国の現状にも、何が起きているか、何が起こりうるかについての既存のストーリーにも不満はなかったから、新しいストーリーには慎重で批判的（というよりシニカル）だった。スタッフは、シナリオ・ワークのプロセスを丁寧に、注意深く、きっちりと運営した。だから仕事は遅々として進まず、結局、一回追加して第五回ワークショップの開催が必要になった。私たちのきわめて慎重なアプローチはプロセスがいっこうに流れに乗らないという事態を引き起こした。

　最終的にチームは、未来に起こるかどうか不確実なことから鍵を握る二つを選ぶという観点からシナリオを組み立てた。その二つとは「私たちの社会や経済はグローバルな変化に迅速に適応するか、ゆっくり適応するか？」「私たちの統治システムは少しずつ発達して変化するか、過去ときっぱり決別して変化するか？」だった[2]（「きっぱりとした決別」はデリケートな問題であるケベック分離独立を指していた）。この二つの不確実なことの四通りの組み合わせが四つのシナリオに対応し、チームはそれぞれにカナダらしいカヌーのメタファー（隠喩）で名前をつけた。

「漂流」　統治システムが少しずつ発達し、社会や経済が変化に適切に適応できず、変化がほとんど進まない。

「転覆」　きっぱりとした決別がうまくいかないことと、変化する世界に対する社会や経済の遅く不適切な適応が悪循環を生む。

「早瀬を乗り切る」　グローバルな変化に対する社会や経済の迅速で効果的な適応の流れのなかで、きっぱり決別することが長年の憲法の行き詰まりを解消する。

「陸上運搬《ポーテージ》」　個人、コミュニティ、企業、労働者が協力して変化する世界にうまく適応する。

統治システムは少しずつ発達して、この適応を支える。

この四つのシナリオから、チームは次のように判断した。「世界は急速に根本的に変化している。私たちの社会や経済がこの変化に迅速に効果的に適応することは、統治システムが少しずつ発達して変化するか、過去ときっぱり決別して変化するかよりも私たちの未来にとって重大だ」。この結論は及び腰であたりまえすぎるものだった。程なく、プロジェクトはエネルギーも資金も使い果たした。シナリオはある国内会議で一度だけ発表されたが、（私の知るかぎり）二度と日の目を見ることはなかった。

初回ワークショップが始まるときに、主催者の一人がプロジェクトの最大の不安を

未来のためのシナリオ（カナダ、1998 年）

社会や経済が変化する世界にどう適応するか ＼ 統治システムがどう変化するか	きっぱりと決別	少しずつ発達
迅速	**早瀬を乗り切る**	**陸上運搬**
遅い	**転覆**	**漂流**

打ち明けた。「自分たちが普段の話し合いのなかに収まって、たびたび口にしてきたことを繰り返し、普段の役回りを演じることだ」と。彼の不安は現実となった。

何ができ、何をなさねばならないか発見するには

システムの中や周辺で起こりうることについてシナリオ一式ができあがったとしよう。このプロセスに取り組む目的は、シナリオを作成すること自体ではなく、シナリオを使ってシステムを変えることだ。だから、今一歩下がって、できること、なさねばならないことについてシナリオからどんな意味や結論が引き出せるのか見てみよう。見えてくるのは、どんな選択肢があり、どんな行動をとるつもりか、それはどんな目標を達成するためで、誰を味方につけるのかといった結論だ。

プロジェクトのプロセスの観点から言えば、一歩下がることはUの谷底の共プレゼンシング（五二頁参照）の動きに対応している。ここまでのプロセスでチームは何度も立ち止まり、沈黙し、そのとき自分の内側で、チームで、システムで起きていることをじっくり考えてきた。この活動の途中に入る休止は、知的にも、感情的にも、政治的にも要求水準の高いプロセスの追い詰められるような忙しさのなかで、単純だが意義ある中断になる。何が起きているか、それにはどんな

意味があるか、次に何をする必要があるかに気づきやすくなる。グループで数秒休んで自分自身に意識を向けてみるとか、数分休んで静かに内省したり、心にあることを書き出したりしてはどうだろう。もっと長く休止の時間をとってもいい。たとえば、ワークショップの一環として自然の中で数時間静かに過ごしてみるとか（本や携帯電話などのじゃまするものなしで）、あるいは数日かけて静かなリトリート（日常から離れた場所での静養・修養）を行う。こうした日常のパターンを中断する実践はどれも、驚くほど創造的で有効だとわかるだろう。

休止の進め方は拡散－創発－収束の基本リズムに従う。個別に自分と向き合い、次にそれをチームで共有し、次に共有したことを理解する。今この第四の発見ステップでは、これと同じリズムを適用して、できること、なさねばならないことを探してシナリオの意味をじっくり考える。この意味は、すぐに一回のチームの話し合いで見つかることもあれば、ゆっくりと何カ月もシナリオをじっくり検討した後で見つかることもある。誰にとっても明らかな意味もあれば、何度も論争や話し合いになるテーマのこともある。

プロジェクトの内容の観点から言えば、シナリオから二種類の意味もしくは結論が引き出せる。この二つは、ラインホルド・ニーバーが「主よ、変えられないものを受け入れる心の静けさと、変えられるものを変える勇気と、その両者を見分ける英知を与え給え」という名言で区別している二つの補完し合う姿勢に対応している。一つ目の**適応型**の姿勢は、属しているシステムを変えられないという前提で、それを受け入れて落ち着いて適応しなければならないという意味だ。

二つ目の**変容型**の姿勢は、システムを変えることができるという前提で（ほとんどの場合、誰かと手を組むことで）、毅然として変える努力をしなければならないという意味だ。

変容型シナリオ・プランニングでは、両方の姿勢を採用する。変容型の前提は、変容型シナリオ・プランニングをやってみようという動機そのものだ。しかし、適応型の前提も不可欠だ。それがなければ、システムに対する影響力を過大評価し、そうなってほしくないような未来になったときに不意を突かれるという傲慢な過ちを犯しがちだからだ。状況の局面ごとに要求される姿勢がわかる知恵がほしい。特定の状況《コンテクスト》で適応型行動と変容型行動をどう組み合わせるべきかわかる必要があるのだ。とはいえ、この知恵はいきなり身につくものでもない。シナリオの適応型と変容型の意味や影響が見えてきて、把握できるようになるにつれて、シナリオ・ワークの間に少しずつ生まれるものであろう。

まず適応型の姿勢をとってみよう。未来のシナリオを見て、好き・嫌い、望む・望まないにかかわらず、ほんとうに起こりそうなシナリオを選ぶ。選んだシナリオに一つずつ問いを発する――このシナリオが現実になったら、私（私の組織、コミュニティ、国）は生き残り、繁栄するために何をしなければならないだろう？　この問いを発するときには、逆の順番の「ＳＷＯＴ（スウォット）」分析が役に立つ。もし、このシナリオが現実になったら、どんな**機会**（Opportunities）と**脅威**（Threats）に直面し、どんな**強み**（Strengths）と**弱み**（Weaknesses）が重要になるだろう？　たとえば、もし「後ろを歩く」シナリオ（一〇三頁参照）が現実になったら、経営者である私は政府の介入が増えるという脅威に直面し、政府にコネがないことが弱みになるから、この未来に適応するには、政府と強い関係性を築いているビジネス・パートナーを探す必要がある、というように。

次に変容型の姿勢をとってみよう。シナリオ一式を見て、こう問いを発する——私と私の組織（コミュニティ、国）にとってよりよい未来はどれか？　どの未来を望み、どの未来を望まないか？　一九六〇年代のスローガン「問題を解決する側にいないとすれば、あなたが問題の一部なのだ」は、決定的に重要なポイントを見逃している。それは、あなたが問題の一部でないなら、問題を解決する側にもなれないということだ[3]。すなわち、自分がしていること、逆に何かをしていないことがいかにして現在起きていることの一端を担いでいるのかがわからなければ、未来に起こりうることにも貢献できないのだ——せいぜい、システムの外から、もしくは上から、押しつけることしかできない。だから、根本的な変容型の問いはこうなる——今起きていること、これから起こりうることに私が果たす役割は何だろう？　私の責任は何だろう？　未来は私に何を求めているのだろう？　たとえば、「一緒に歩く」シナリオ（一〇三頁参照）が自分のビジネスにとっても、国にとっても望ましいと考えたとする。しかし、自分をはじめとしてビジネス界の人たちと政府の距離に隔たりがあるせいで、政治家が「後ろを歩く」シナリオを推進するのを助長している懸念がある。それならば率先して政治関係者とも市民活動家とも提携関係を築く必要がある。

この二つの補完し合う姿勢の間を循環し、両者を繰り返しながら、自分にとってのシナリオの意味を少しずつ発見することになる。そうしていくうちに、あらゆる戦略的思考の根底にある、二つの本質的で補完し合う問いの答えが交わるところを少しずつ見つけていく。その問いとは、いいいいいいいいいいいいいいいいい私たちに影響を及ぼす世界で何が起きているのか？　そして私たちは世界にどんな影響を及ぼしたいのか？　である。

以上のことから、あなたが何をなさねばならないか結論を出す。チーム全体で一致し、協力して取り組みたい結論と行動もあれば、チーム全体で一致し、足並みをそろえるが個別に取り組みたいものもある。そしてチーム内で一致せず――おそらく対立することすらあって――それに関しては別の道を行く場合もある。どの反応も妥当であり、問題ある状況の処理に行き詰まっている状態から脱し、前進するうえで意義がある。先の経営者の結論の例なら、「後ろを歩く」の危険性を政府やほかの関係者と話し合うことを決めてもいい。ローカルな提携関係を個別に築いてもいい。政府と強い関係性を築いているビジネス・パートナーを競って求めてもいいだろう。

こうしてシナリオ・ワークの成果を味わえるところまでたどり着く。今やチームはシナリオの意味について重要な理解を共有している。知的にも、政治的にも、個人的にも骨の折れる仕事を協力してやり遂げることでチームの関係性も強くなった。そしてチームの意図は結晶化された。そう、もう何をすべきかわかっているのだ。

第7章

ステップ⑤ システムの変革をめざして行動する

変容型《トランスフォーマティブ》シナリオ・プランニングのプロジェクトの最終ステップである第五ステップは、シナリオ・チームのメンバーが、お互いに協力して、またチーム以外のシステム全体の人たちと協力して、問題ある状況を変えるために行動することだ。行動の形態は何でもいい——キャンペーン、ミーティング、社会運動、出版物、プロジェクト、政策、イニシアチブ、制度、法律など、非公開か公開か、短期か長期かを問わずである。したがって、第五ステップの活動は、たいてい、第四ステップまでの活動以上に、前もって予測したり、計画したりできないものになる。そしてよりいっそう、シナリオ・プロジェクトそのものが必ずしも活動を準備することはなくなるし、その活動の一環だとは見られなくなる。

シナリオ・プロセスが生み出した理解、関係、意図、そして行動は種のようなもの。発芽しないこともあれば、硬い土や痩せた土に落ちてしまうこともある。芽を出したとしても、予想どおりに、ねらいどおりに成長するとはかぎらない。だから、第四ステップまでもさることながら、この第五ステップはよりいっそう創発的だ。チームは、その活動がどこで、どう根を張るかに目を向け、こうした新しい可能性を育まなければならない。

新しく、力強い構想に貢献する

ディノケン・シナリオのプロジェクト主催陣がそもそも掲げた目標は、「南アフリカの未来について、その未来が提示する機会、リスク、選択についてオープンで、内省的で、筋の通った戦略的話し合いをするための空間と言葉を国民の間に」つくることだった。この目標を達成する重要性は、チームができあがったシナリオから出した重要な結論——国の未来を決めることに市民が再び関わる《リ・エンゲージ》ことは良好な未来にとって重大な、そしておそらく必須の条件だ——によって説得力を増した。

市民がディノケン・シナリオをとことん話し合い、そうすることによって未来に再び関わることのできる空間と言葉をつくる任務をチームは真剣に引き受けた。まず、ディノケンの報告書を公表する前に、数カ月かけて大統領含め三〇人以上の国のリーダーに非公式なブリーフィング（概況説明）を実施した。二〇〇九年五月（国政選挙の直後だが、新政府の就任前）、報告の公表を開始すると、大手新聞すべてに全面記事で取り上げられた。その後二年間で、全八〇ページの報告書を二万部、三二ページの報告書要約版を一万部（五言語で）、三〇分のビデオを二〇〇〇本配布し、全州および全主要都市の政治団体、企業、非政府組織、コミュニティ組織を対象に一〇〇回以上のワークショップを行い、ある全国新聞チェーン（購読者数二〇〇万人）で週刊折り込み記事を五回発行し、週一回のテレビ討論会を六回放映し（視聴者数五〇万人）、チームの活動は一五〇以上の新聞記事とラジオ・テレビ二五局以上の話題となり、チームのウェブサイトは四万ヒットを数えた。というわけで、私たちチームは、市民が国の未来に再び関わることに関するシンプルだが決定的な「一緒に歩く」という洞察を、「後ろを歩く」という発展の状態がもつ役割への問いとともに、南アフリカ国民の未来についての話し合いの中心に据えることに成功した。

このディノケンの考えは、国の話し合いでも反響を呼んだ。重要な一例としては、国家計画委員会による国家計画がある。この新しい機関は二〇一〇年に政府によって設立され、さまざまなセクターを代表する二六人の同国で最も尊敬されるリーダーたちで構成されている。そのうち二人はディノケン・チームのメンバーであり、三人はモン・フルー・チームのメンバーだった。閣僚の一人、同委員会委員長のトレヴァー・マニュエルは、この計画の本質を次のようにまとめている。

私は、南アフリカ国民が自らと未来の世代のために起こすべき変化を促すために必要であると国家計画委員会が信じていることについてお話ししたいと思います。基本的には、能動的な国家（これが現実であれ想像であれ）と受身の市民が、私たちが今生きている不満足な状況を助長するというのが委員会の主張です。ですから、委員会が提案する最大の変化は、社会がどう機能するかという領域にあります。第一に、委員会は社会のあらゆる側面における能動的な市民を支持しています――学校、犯罪対策、保健医療の監視、国・州・地方三つの政府に対する報告の要求と権限の授与に関してそうあるべきということですが――このすべてにおいて、委員会は市民が積極的に関与できるようにすべく努力する必要があります。変化の第二の要点は、リーダーたちの声を社会のあらゆる側面に行き渡らせることです。第三の焦点領域は有能な国家にあります。これら三つの領域は動的につながり、三つそろって結果を決定します。(1)

ヴィンセント・マファイは、モン・フルーとディノケン両方の主催者の一人だった知識人であり、実業家であり、現在は同委員会のメンバーになっている。彼は次のように述べている。

ディノケンによって私たちが果たした最大の貢献は、マインドセット（習性となった考え方）を変え、国民が責任を取らざるをえないようにしたことだ。それは強いメッセージだったし、マンデラが何か与えてくれることを待っている社会にとっては特に、言われて心地よいメッセージではなかった。私たちは大胆だった。一夜にして人に影響を与えることはできないと思うが、種をまくことはできる。そして聖書の「種まきのたとえ」のように、それは最終的に種がどこに落ちるかにかかっている。私たちの仕事は種をまき散らすことなのだ。(2)

ディノケン・チームのメンバー数人、それにディノケンの活動に刺激されたチーム以外の人たちによって、「一緒に歩く」シナリオを実践するための新しい市民運動が開始された。こうした運動は、教育と雇用のきわめて重大な問題のある状況に焦点を絞り、それらをはじめとする諸課題に市民が積極的に関与する必要性を強調している。ディノケン主催陣の議長だった著名な活動家であり、学者であり、女性実業家でもあるマンフェラ・ランフェレは、こうしたイニシアチブの多くに深く携わってきた。それらがなぜ必要だと考えるのか、その理由を次のように説明する。

市民団体や個々の市民が積極的に関与せずにうまく確立された民主主義は世界のどこにもありません……二〇〇九年に南アフリカ国民がディノケン・シナリオを受け入れな

かったことは、私にとって大きなフラストレーションの源でした。しかし、その大きな原因は、私たちディノケン・シナリオの主催者が、南アフリカ国民がどれほど深く傷ついているかを理解していないことでした。私たちは無関心な南アフリカ国民がただ自分たちの道の誤りを悟り、「一緒に歩く」ことを選ぶものと期待していました。「離れて歩く」や「後ろを歩く」は傷ついた社会の症状です。この傷と向き合わないかぎり、私たちは前進できません。(3)

ディノケン・シナリオの大規模な種まきは、新しい民主主義を築くことに南アフリカ国民が再び積極的に参画することをめざしていた。そして実際にそうなりはじめている。このように、ディノケン・シナリオは南アフリカの政治とその問題処理能力を切り拓き、強化する一助となってきたのだ。

新しい協働の方法を増幅させる

長期に渡る大量虐殺を招いた内戦を終結させる和平協定の調印直後に開始された「ビジョン・グアテマラ」プロジェクトでは、しっかりした理解・関係・意図をもつ、社会全体から招集されたリーダーたちのチームが結成された。プロジェクト進行中からプロジェクトの舞台裏で、そしてプロジェクト終了後にも何年もの間、チームのメンバーはプロジェクトの結果を土台にして自分の属する組織や影響力の範囲で行動した。個別に行動することもあれば、ほかのチーム・メンバーと提携して行動することもあった。彼らの継続的な協働は、ビジョン・グアテマラのエグゼクティブ・ディレクター、エレナ・ディエスによって促された。プロジェクト終了後も、彼女はグアテマラやラテンアメリカのさまざまな重要な社会変革組織で抜きん出た役割を果たしつづけた。

国連のグアテマラ駐在員、ラーズ・フランクリンは、ビジョン・グアテマラがまき、育てた数々の種を見れば、このプロジェクトの影響が何よりもよくわかると述べた(4)。たとえば、四人の大統領候補と選挙運動、歴史解明委員会や財政協定委員会や和平協定監視委員会への貢献、地方自治体開発戦略や全国貧困撲滅戦略や新しい大学教育カリキュラムに取り組んだこと、派生的に生まれた六つの国民対話プロセスなどである。

グアテマラ中央銀行総裁のリサルド・ソーサは、プロジェクトがグアテマラで起きていることに微妙に影響を及ぼしたことについて次のように語っている。

後にグアテマラで起きたことがどれくらいビジョン・グアテマラに関係あるか私にはわからない。私が参加した一つのプロジェクトについて話そう。財政協定の締結プロセスを進めるためのものだった。これをはじめ似たような活動に関わった関係者を見れば、ビジョン・グアテマラにいた人間がいる。私たち一人ひとりがビジョン・グアテマラのプロセスで経験したことの幾ばくかが、この問題を多かれ少なかれ前進させたことに――私自身は大きく前進したと信じているが――貢献したか私にはわからない。ほかの領域におけるビジョン・グアテマラの存在は、世の中の塩のように、何らかの集団の存在や行為の在り方にすでに浸透していると見る者もいるだろう。しかし、評価するのは難しい。なぜなら、ビジョン・グアテマラは、キリストが「自分の十字架を背負って、私に従いなさい」と十二使徒に語りかけたようなものだからだ。そう、そんな感じだ。文章やラジオやテレビをとおしてではなく、内省のプロセスによって感化するのだ。(5)

大学総長のゴンサロ・デ・ビリャによれば、「ビジョン・グアテマラ」におけるシナリオは、チームをはじめ人々が協力して国を建設するための新しい方法を見つけるという、より大きな目的を達成するための手段にすぎないという。彼はこう述べている。

このシナリオの作成の意義はどこにあっただろうか？　シナリオができたのはよいことだが、必ずしも最重要事項ではなかった。シナリオのストーリーは、人類学者のブロニスワフ・マリノフスキが南太平洋の島々で発見した交易システムについて語る話に似ている。それは、島民がほかの島に渡り、貝殻を交換するというきわめて精巧なメカニズムが存在することを発見したという話だ。経済論理の観点からは、これはまったくナンセンスだ。命の危険を冒して遠路はるばる貝殻の交換をするのだから。だが、最終的にマリノフスキは明らかにする。貝殻はほんとうに重要なことをほかに山ほどするための立派な口実だということを。私が思うにシナリオはビジョン・グアテマラの貝殻だ。シナリオは私たちがなすべきことをするための立派な口実だったのだ。(6)

ビジョン・グアテマラ以来何年も、グアテマラは深刻な問題と闘いつづけている。和平協定の調印によって生じた楽観論が消え、(ビジョン・グアテマラのメンバーだった)アルバロ・コロン大統領政府は多くの問題に遭遇した。元陸軍総監、オットー・ペレス・モリーナ大統領の新政府は治安強化への希望と軍国主義へ逆戻りする恐怖を目覚めさせた。これだけのことがあっても、システム横断的な関係と、そしてよりよい未来の創造をめざして協働することは可能であるという認識はビジョン・グアテマラから受け継がれている。

システムの変革をめざして行動するには

システム全体を代表する関係者のチームを結成し、メンバー全員が属しているシステムの中や周辺で何が起こりうるかについてシナリオを作成し、できあがったシナリオが提示する機会と課題に対処するために何をなすか、結論に達することができた。

今、変容型シナリオ・プランニングのプロセスの「U」のコーナーを曲がったところだ。ここまでのプロセスで重要な特徴の一つは、シナリオ作成という非公開の作業以外は何も行動を起こしていないことだ。この厳密な分離と中立のおかげで、一歩下がり、何が起きているか、何が起こりうるか、そのために何ができて、何をなさねばならないか新鮮な目で見ることができた。

今度はシナリオ・チームが公の行動に従事するときだ。そのための方法は幅広くある。その幅の一端では、チーム・メンバーの一部または全員が、参加を呼びかけた人たちと一緒に、シナリオ・ワークをとおして培った理解・関係・意図に基づいて合同計画の実施に取り組む場合がある。幅のもう一端では、チーム・メンバーが個別に、お互いの足並みがそろっていようといまいと、自分の影響力の範囲で——組織、ネットワーク、選挙区など——シナリオ・ワークの結論に基づいて行動する場合がある。この幅のどの行動でも妥当であり、問題ある状況に対処するうえで効果をもつ可能性がある。

シナリオ・プロジェクトの貢献は、関係者に行動〝させた〟ことではない——行動は彼らがこれまでしてきたことであり、これからもしていくことだ。そうではなく、プロジェクトの貢献は、より広く、より深く、より足並みのそろった理解・関係・意図で——つまり、よりすぐれた知恵で関係者の行動を助けることだ。この前提はダライ・ラマも明言している。中国とチベットの関係の複雑性を洞察すると、批判もあるが自分の中国に対する非暴力姿勢が正しいという主張とともにこう述べたのだ。「全体論的《ホリスティック》な理解が現実的な行動をもたらす(7)」。

変容型シナリオ・プランニングは、チェンジ・エージェント（変化の担い手）の同心円によって行動を引き出す。第一の円はシナリオ・チーム自体のメンバーで構成される。つまり、プロセスに最大の影響を与えると同時にプロセスに最も影響を受ける人たちだ。チームのメンバー選定が、プロセスのなかでも決定的に重要なステップなのはこのためだ。

第二の円に含まれるのはチーム・メンバーが関わる人たちである。関わり方はいろいろある。たとえば、自分の組織やセクターのキーパーソンを含め、キーパーソンと一対一で非公式な話し合いやブリーフィング（概況説明）をする。自分の組織を含め、主要な組織のリーダーたちのチームとミーティングやワークショップを開催する。たくさんの賛同する市民を集めて生の対話やバーチャルな対話、あるいはタウンホール・ミーティングを開催する。印刷物、放送、ソーシャルメディアを利用したり、文化の担い手と協力したりして、より多くの人たちに接触してもいい。

こうした取り組みはすべて、シナリオ・チームが作成し、できあがった成果物を単に配布する方法ではなく、チームの創造を喚起するような理解・関係・意図を広める——それらを宿した種をまくような——手段だと考えてほしい。チーム以外の人にもその種を拾い上げ、それに取り組み、それに基づいて行動する気持ちが引き出されることをめざす。変容型シナリオ・プランニングがシステムの変容に貢献するのは、生み出された種が繁殖して、広がるときだけだ。

協働の行動と個別の行動のどんな組み合わせを選ぼうとも、シナリオ・プロジェクトがつくりあげた何らかの形態の器とインフラは維持する必要がある。これは、派生的に生まれる活動など、チームやチームの活動に加わるようになった人たちによる継続的な行動を支援するときに役に立つ。また、こういう人たちの間でひらめきや学びや助け合いが持続的に生まれるようにするためにも役に立つ。

さあ、これでプロジェクト主催者であるあなたはめざしたとおりの成果を生み出した。システムの理解、システムを横断する関係、システム意識のある意図を育てたのだ。その結果、システムを変える力をそろってもつ関係者が、システムを変えるためにより賢明な行動をとれるようになった。何よりも根本的な成果は、協力的に創造的に、エネルギーと勢いをもって、関係者が行き詰まりから脱して前進し、自分たちの状況に対処する道を切り拓いたことだ。

第8章
新しいストーリーが新しい現実を生み出す

複雑な社会システムを変える楽な方法、単純明快な方法、うまくいく保証つきの方法などない。変容型《トランスフォーマティブ》シナリオ・プランニングのプロセスに取り組んできた私の二〇年間の経験には失敗もあれば成功もあった——もっと正確に言えば、プロセスが失敗したのか、成功したのか、ほんとうにはわからない。変容型シナリオ・プランニングは、関係者とその行動を変えることに役立つことによってシステムを変えることに役立つ。このプロセスはモン・フルーの直後に思っていたほど直接的でも、即効性があるわけでもないと今はわかる。詩人・ミュージシャンのギル・スコット＝ヘロンはこう言った。「最初の革命は、自分がものの見方を変えるときに起こる。革命——その心の変化が起こること——はテレビで報道されない(1)」。変容型シナリオ・プランニングは、私たちの内部に、また私たちの間に微妙で、目に見えない、非線形の変化を起こすことをとおして、触れてわかり、見てわかる変化を世の中に起こす。

このシナリオ・ワークの効果を理解しようとすると直面するこうしたあいまいさについて、最も示唆に富む経験がコロンビアでの仕事だ。「デスティノ・コロンビア」シナリオ・プロジェクトは、一九九五年に企画されたものの、死産に近かった。一九九六年に突然息を吹き返す。一九九七年、シナリオ・チームが三回のエネルギッシュなワークショップを行う。一九九八〜一九九九年、チームが活動結果を全国に広める。二〇〇四年、プロジェクトは明らかな休眠状態もしくは死んだ状態になる。二〇〇七年、プロジェクトがひきつづき影響を与えているという話を耳にする。そして二〇一二年、コロンビア大統領が、プロジェクトは常に生きていて、今は自身の新政府の政策のライトモチーフ（繰り返し現れる主題）になっていると発表した。[2] コロンビアをはじめとして経験から私が学んだことは、この仕事に全力を尽くさなければならないが、それが失敗か成功かは——未来のことはたいていそうであるように——コントロールしたり、予測したりできないし、知ることさえできない、ということだ。ヒンドゥー教の聖典『バガヴァッド・ギーター』にはそれが簡潔に述べられている。「仕事は汝のものだが、その成果は汝のものではない[3]」

コロンビアには暴力的な対立の長い歴史がある。「暴力学（violentology）」と呼ばれる国産の学問分野があるくらいだ。一九〇〇年代前半に二つの残虐な内戦があり、二番目の内戦の時代はずばり「ラ・ビオレンシア（暴力）」と呼ばれている。一九六〇年代初頭のコロンビアは、軍部、麻薬密売人、犯罪組織、左翼ゲリラ武装勢力、右翼民兵自警団の間の終わりなき衝突に悩まされ、誘拐、処刑、大虐殺、立入禁止区域が社会の特徴だった。同時に、コロンビアは民主政治、活発な企業活動、積極的な市民社会を維持していた。途方もなく大きな数々の課題に直面しているが、その課題への対処能力もまた途方もなく大きい国なのだ。

一九九五年、実業家のマヌエル・ホセ・カルバハルがモン・フルーについて書かれたものを読み、変容型シナリオ・プランニングのプロジェクトを実施すればコロンビアは対立から脱け出す新しい道を見つけられるのではないかと考えた。そして、その着想を知人や紹介された人たちに話したが、プロジェクトを実現させるための十分な支援は受けられそうにもなかった。あきらめかけていたとき、ジャーナリストから転身した政治家で独自に同じ構想を模索していたファン・マヌエル・サントスに出会った。数週間のうちに、二人は国の関係者を集めた大きな会合を開催した。このプロセスへの関心度合いを見るためだった。

この会合には政治、ビジネス、軍部、教会、大学のトップ・リーダーに加え、ゲリラが秘密の場所から電話で参加した。参加者は、普段とは違う異質なグループにいることに高揚もし、緊張もしていた。ある共産主義政党の市会議員が、部屋の反対側にいた民兵の指揮官を見つけ出して、サントスにこう聞いた。「私がこの男と一緒に座ると本気で思っているのか？　私を五回も殺そうとした男だぞ」。サントスはこう答えた。「だからこそ、六回目が起こらないためにお座りください」(4)

私もその会合に同席して気持ちが高ぶり、このシナリオ演習の提案が招いた尋常ではない質問の数々にうろたえた。私がモン・フルーの経験について発表を終えると、ゲリラの一人からの質問が電話で私に取り次がれた。「シナリオ演習のワークショップに参加するには停戦への同意が必要か?」。私は自分が正しいと思う答えを返した。「シナリオ・プロセスは交渉ではありません。参加に前提条件はありません。進んで話そう、聞こうという気持ち以外は」

サントスは自分が党派意識のありすぎる人間でこういう超党派のプロセスを主催するには不向きだと悟り、会合の終わりには身を引き、より幅広く、より中立的な主催委員会が前面に出ることになった。委員会の目標は、対立している社会全体を代表し、特に戦闘員どうしが直接話し合えるシナリオ・チームを結成することだった。そのために委員会は、だれが国の未来に献身してくれそうな適任者だと考えられるか、だれが犯罪や不正に手を染めすぎているか判断しなければならなかった。最終的にゲリラと民兵はチームに加えることになり、ほかには学者、活動家、実業家、ジャーナリスト、陸軍将校、農民、政治家、労働組合員、若者を招集することにした。麻薬密売人やエルネスト・サンペール大統領政権(当時)の人間は除外することにした。同大統領は、選挙運動中に麻薬組織から資金提供を受けたと疑われていた(後に、カルバハルはこの「感染予防」の試みが逆効果だったと思うと述べている。サンペールの任期が終わるまでチームの活動が政府に無視される結果になったからだという)。

シナリオ・チームは、メデジン(メデリン)郊外のなだらかに起伏する緑の丘陵地帯にあるレシント・キラマという美しい古い農園で四カ月間に三回、合計一〇日間顔を合わせた。この地所を全面的に自分たちのものにできた。天井の高い納屋は会議室に、屋外の玉石を敷き詰めたダイニングルームとバー、プール、庭の花々に囲まれた簡素な寝室。私は初回ワークショップが始まる一日前に到着し、争いのさなかにこんな静けさがあったとはと驚いた。プールに泳ぎに行き、水面から顔を出してみてプールがマシンガンを持った兵士に囲まれていることに気づいた。この集まりを攻撃から守るためだった。

このプロジェクトの特筆すべき点は、非合法の武装左翼ゲリラ組織、コロンビア革命軍（FARC）と民族解放軍（ELN）の両方が参加したことだ。政府は両組織にワークショップまでの安全な通行を申し出たが、ゲリラたちはこれをリスクが大きすぎると考えた。そこで私たちは、異例なことだが、彼らがチームのミーティングに電話で参加できるように準備した。三人の男が重警備刑務所の政治犯棟から、一人の男が亡命中のコスタリカから電話を入れてきた。この手はずは、いくつかの現実離れした瞬間を生んだ。たとえば、刑務所の公衆電話から電話を入れてきたゲリラの一人が、硬貨が足らず数分しか話せないが、シナリオの草稿に自分の意見を供したいと話す場面があった。

チーム・メンバーの多くがゲリラと話すのは初めてだったから、ひどくおびえていた。会議室の二台のスピーカーホンを使ってやりとりしたのだが、スピーカーホンのそばに歩いてきた人は、近づきすぎるのを嫌がって、電話機と十分な距離をとった。ゲリラに何を話すかによっては報復されるのではないかとおびえている参加者もいた。私がこの不安を話すと、ゲリラの一人がチームの小宇宙《ミクロコスモス》は大宇宙《マクロコスモス》を反映していると見て、こう述べた。「カヘンさん、その部屋の人たちがおびえているることになぜ驚くんですか？　国中がおびえていますよ」。そして、ゲリラたちはミーティングで何を話そうとだれも殺さないと約束した。

チームは協働のための基本ルールを考え出し、次のことに合意した。率直に話すこと、皮肉らずに違いを表現すること、人は誠実だという前提に立つこと、寛容で、規律正しく、時間に正確であること、具体的で簡潔であること、秘密を守ること。チームはこの基本ルールに誇りをもち、無法と暴力が蔓延するさなか、それは強固で安全な器づくりに役立った。この器の内部で、メンバーは次第に遠慮なく話せるようになり、関係を深めることができるようになった。しばらくすると、ミーティングの休憩中に、参加者がスピーカーホンの回りに群がり、ゲリラと話しつづけるようになった。メンバーの一人が後に次のように述べている。

コロンビアではこんなに多様な人たちが一緒に多くのことをしたことはなかった。国を分裂させている、しかも前もって相手と一切関係をもたないことをはっきりさせている両極端の陣営を同一のプロセスに参加させるのはきわめて難しい。両極端のそれぞれにとって、他方は存在しないか、消えるべき存在だ。私たちは、この対話のプロセスに、ゲームのルールを尊重するプロセスに、お互いの向き合い方、会話のマナー、長期的な思考の質を改善するプロセスに成功した。(5)

別のメンバーはこう述べている。

戦争はまったく複雑で理解に苦しむものを生み出す。それは寛容の不在である。戦争そのものは、あらゆる問題に対する思い切った解決策だ。それは最大の解決策であり、戦争という状況では、他者の考えを許容することは難しい。このシナリオ手法は、自分が考えていたものとは違う解決策があるかもしれないということを受け入れずにはいられなくする。[6]

ハイメ・カイセドは極左のコロンビア共産党の書記長であり、イバン・ドゥケは極右の民兵組織であるコロンビア自警軍連合（ＡＵＣ）の指揮官だった。ある晩、カイセドとドゥケは遅くまで起きており、酒を飲みながら話をしたり、退役陸軍大将のファン・サルセドとギターを弾いたりしていた。翌朝、開始予定時刻になってもカイセドが会議室にいなかったので、私はグループに彼の居場所をたずねた。彼の身に何が起きたか、たくさんジョークが飛び出した。ある人が「サルセド大将が彼に歌わせたんですよ」と言い、ドゥケが脅すような口調で「彼を最後に見たのは私だ」と言った。私はカイセドが殺害されたのではないかと不安になったが、数分後に彼が部屋に入ってきたのでほっとした。

（何年も後になるが、この話の意義深い後日談を聞いた。ドゥケは、ボスのカルロス・カスターニョ、コロンビア自警軍連合の悪名高い最高司令官に会うためにジャングルに入っていった。カスターニョは興奮してドゥケに話した。コロンビア自警軍連合の隊員たちが最大の敵であるカイセドの所在を発見し、彼を暗殺しに向かっているという。ドゥケは、カイセドの命乞いをして、あのシナリオ・ワークショップで一緒に過ごした夜のことをカスターニョに話し、こう言った。「彼を殺してはいけません。私たちは一緒にデスティノ・コロンビアのチームにいたのですから」。さんざん議論した末、カスターニョは暗殺を中止した。この話は、変容型シナリオ・プロセスがもつ変容を起こす可能性を典型的に示している。この生きるか死ぬかの問題でカスターニョに反抗する気になったドゥケは、カイセドとの関係の認識、自分自身が何を支持し、何をなすべきかという認識を変えたに違いない。）

活動が進むにつれて、チーム・メンバーはびくびくしなくなり、ざっくばらんに話すようになっていった。ある時、地主の一人がこう発言した。ゲリラとの争いを身をもってさんざん体験してきたから、ゲリラはまったく信用していないし、ゲリラに対する軍事行動を強めなければ、この国が平和になる見込みは薄いと確信していると。勇気のいる発言だった。ゲリラばかりか、交渉による解決が可能だと期待して信じている残りのメンバーに単刀直入に異議を唱えたのだから。彼は進んで正直になり、対決姿勢をとったのだ。しかし、そのときまでにチームの関係とプロジェクトの器はそんな発言を聞いても決裂しないくらい強くなっていた。それだけでなく、その地主が自分の考えていること、感じていることをずばり話したとき、それまで部屋を覆っていた考えや感情のもつれの霧が晴れ、メンバー全員がチームや国の重要なダイナミクスを見ることができた。

第三回ワークショップの終わりまでに、チームは四つのシナリオに合意した。第一のシナリオ「日が昇れば見えるさ」は、コロンビア国民が事態をなすがままに任せ、解決困難な課題への対処に失敗した場合に生まれる混乱の警告だった。第二のシナリオ「手中の一羽の鳥は、やぶの中の二羽の値打ちがある」は、政府とゲリラが交渉を経て妥協するストーリーだった。第三のシナリオ「前進！」は、長年の暴力に不満を持ち「厳しい問題には厳しい解決策を」という原則で

デスティノ・コロンビア・シナリオ（1997年）

日が昇れば見えるさ

手中の一羽の鳥は、やぶの中の二羽の値打ちがある

前進！

結束のなかに強さあり

行動する国民層に支持され、ゲリラを軍事的に鎮圧し、国に平和を実現する政策を実施する政府のストーリーだった（これは地主の発言によって明らかになった、現実になりそうな未来だった）。第四のシナリオ「結束のなかに強さあり」は、国のメンタリティが相互尊重と協力を志向するようになるボトムアップの変容シナリオだった。

チームはこれらのシナリオを大々的に普及させた。主要新聞全紙の別刷として要約版を発行し、国営テレビで放映するビデオを制作し、全県都で大きな市民集会を開催した。シナリオは多数の政治団体、企業、コミュニティ組織の戦略的な話し合いで取り上げられたのだが、この種が芽を出し、根づく兆しを私は何も耳にしなかった。私の推論は、チーム・メンバーの一部とメンバーの関係の一部は変容したものの、この変容はシステムに影響を与えるほどではなかったというものだった。政治学者のアンゲリカ・レットバーグも、二〇〇六年の報告書で同じような結論に達している。「最大の影響を受けたのは参加者であり、その認識、態度、固定観念が変わり、平和の建設に向けた相互に豊かになる人間的なアプローチが生まれた。しかし、その職業上の立場に置かれた参加者を見るにつけ、またより広範な公共政策の決定や社会的プロセスを見るにつけ、その影響が減少してしまうようだ(7)」。アルフレード・デ・レオンとエレナ・ディエス・ピントによる二〇〇四年の国連開発計画（UNDP）に対する報告書は、デスティノ・コロンビアを「まだ明かされていない宝」と呼んだ(8)。

それゆえに、二〇〇七年に一流の知識人であり、首都ボゴタの市長を二期務め、大統領候補にもなったアンタナス・モックスと話をしたとき、私は面食らった。彼の見方は、コロンビアは計画したかのように四つのシナリオをこなしているというものだった。一九九八年、エルネスト・サンペールの後任、アンドレス・パストラーナ大統領は、「手中の一羽の鳥は、やぶの中の二羽の値打ちがある」に描かれたように交渉による和解を試みたが失敗した。二〇〇二年、この失敗によって国民の不満が高まり、それに押されてアルバロ・ウリベ大統領が政権の座につき、当時、「前進！」に描かれたように軍事行動による平和の回復を実行していた。モックスの仮説によれば、実業家や地主の一部は、「前進！」が自分たちにとっても国にとっても最善の選択だと結論を出し、それをウリベ政府に対し青写真として提言したのではないかということだった。モックスは私にこう言った。「私たちは、対話プロセスのお祭り騒ぎの面ばかりに注意を向けていてはいけない。行動の指針としてシナリオが選ばれる可能性のある過酷な外の世界を忘れてはいけない」。そして今後は、どうすれば第四のシナリオ「結束のなかに強さあり」を実行できるか理解したいということだった(9)。

二〇一二年、拙著 *Power and Love*（邦訳『未来を変えるためにほんとうに必要なこと』英治出版、二〇一〇年）のスペイン語版を出版するために私はコロンビアを再訪した。コロンビアは順調だった。経済面の投資や生産は増加、貧困や暴力は減少。トップ・リーダーを集めた一連のマルチステークホルダー・ダイアログが、ある面では「結束のなかに強さあり」に触発されて開催され、「アジェンダ・フォー・コロンビア」を生み出した。この行動計画には、土地所有権、公平な経済成長、武力紛争の犠牲者に対する補償に関する重要な政策改革が含まれていた。ちょうど『タイム』誌が「コロンビアの再起」というタイトルの巻頭特集を掲載したところだった。一六年前にデスティノ・コロンビアの準備会合を招集し、二年前にモックスを破って大統領に就任したフアン・マヌエル・サントスは、拙著の出版に際して次のようなスピーチをした。

一九九六年に私たちがデスティノ・コロンビアの準備会合を開催したとき、国民はサンペール大統領の麻薬がらみの汚職事件以外は何も話題にしていませんでしたし、武力紛争や政治の二極化など、ほかの重要な問題を前進させるための新しい提案は何もありませんでした……この会合以前は、これほど幅の広いグループが招集されて争いを終わらせる方法を模索したことはありませんでした。コロンビア社会のさまざまな重要なセクターを代表する人たちが集まりました。しかも、その多くは完全な敵対者どうしであり、お互いを殺し、まだ殺しつづけていました……

今、デスティノ・コロンビアのシナリオを読むとほんとうにはっとします。理論的というよりも予言的に思われるからです……第一のシナリオ「日が昇れば見えるさ」は、もし、タイムリーに介入せずに、コロンビア国民が国の問題を自然に解決するに任せ、その結果、国家の権威が失われ、暴力が急増し、領土が分断され、そして貧困や社会の不公平が激増したら、どうなるかを考えさせられました。第二のシナリオ「手中の一羽の鳥は、やぶの中の二羽の値打ちがある」は、武装勢力に譲歩を申し出て、民主主義の再建を始め、どんな代償を払ってでも、死と暴力が増えていくサイクルを食い止めるというストーリーでした。ゲリラとの主要な和平交渉が打ち切られてから一〇年目の今、このシナリオは試みられたものの失敗したことは周知のとおりです。これは政府やコロンビア国民の意欲が足りなかったからではなく、ゲリラの暴力とテロ行為の執拗さのせいでした。この失敗を受けて、第三のシナリオ「前進！」の特徴が一部現実になりました。これは、政治指導者が国民の治安回復の要求に基づいて行動し、ゲリラに対する強硬策を重視する権限を与えられるというストーリーでした……こうまではっきりした証拠に直面して、レシント・キラマに集まった人たちの予言的な賜物をだれが否定できるでしょうか！

コロンビア国民は今、平和的な移行になると私たちが期待している後戻りできない進化のプロセスと第四のシナリオ「結束のなかに強さあり」に描かれた最終的な再統合に乗り出しました。このシナリオは、私の政府が開始した「国家の結束」計画で私たちが今、実現を望んでいる前進の道です……一六年前にシナリオ・チームが想像した最善のシナリオが今、実現しつつあるのは幸いです。(10)

このスピーチで、サントスは、デスティノ・コロンビアを――違いを越えて活動するための手法とコロンビアの選択について語るストーリーの両面を――コロンビアで展開しつつあることについての自分のストーリーの中心に位置づけた。また、自分の生涯の政治プロジェクトに関するストーリーの中心にも位置づけた。その政治プロジェクトの性格は、ほかの関係者（ほかの政治家、市民社会、国際的な同盟国、ゲリラ）とともに仕事をするときの在り方において、「人が成長し、自己を実現しようとする前向きな力の衝動と、人が切り離されているものを統一しようとする前向きな愛の衝動」を兼ね備えていることだとした。サントスは「この組み合わせが、私たちのように深い傷を負った国が対立を克服し、協力してよりよい未来を築くために不可欠だ」と理解し、自分のアプローチを前任者のパストラーナ（力より愛が勝る）やウリベ（愛より力が勝る）とは一線を画するものと位置づけた。デスティノ・コロンビアのチームが自国について語ったストーリーは、国の歴代指導者たちのストーリーに織り込まれるようになっていたのだ。

一九九一年にシェルで私と一緒にシナリオ・ストーリーを書きはじめたベティー・スー・フラワーズは詩人であり、神話の研究家でもある。私が彼女にサントスのすばらしいスピーチのことを話すと、当時のシェルで同僚のジョセフ・ジャウォースキーがシナリオは未来を研究するためだけでなく、未来を変えるためにも使うべきだと頑張っていたけれど、あなたはそれに懐疑的だったでしょと指摘され、昔を思い出した（シェルはこの努力を当時は拒否したが、二〇〇八年に受け入れた。グローバルな関係者が協力して地球温暖化の課題に取り組むというシナリオ、「青写真」をシェルが支持したときだ）[11]。「シナリオは人に力を与える神話に変身することもあるの」とベティー・スーは私に語った。「神話は私たちに勇気をくれる。ストーリーのなかですでに真実なら、逆説的に言えば、それを現実にすることができるのよ」。私たちが新しいストーリーを語り、新しいストーリーを生きれば、身の回りの世界で起こりうることを変えることができるのだ。

二〇一二年、サントスのスピーチと同じ日に、私は民族解放軍のゲリラの一人、フランシスコ・ガランに会った。デスティノ・コロンビアの全ミーティングに獄中から電話で参加した人物だ。二〇〇八年に釈放され、トップレベルと草の根レベル両方の和平活動に取り組んでいた。苦労して得た多くの経験から、ひとかたならぬ知恵と穏やかさを身につけた姿に感銘を受けた。「戦争するより和解するほうがはるかに難しいと学びましたよ」と彼は言った。それからこう続けた。

「自分の国について同じストーリーを繰り返し語っていれば、同じことをやりつづけるばかりで、うまくいくわけもない。ところが、みんなこの繰り返しの中毒になっている！　同じストーリーはいい加減やめにしよう。私たちには新しいストーリーが必要なんだ」

第9章 社会変革のインナーゲーム

強硬手段をとれば未来を変えられる、私たちはよくそう自分に言い聞かせる。しかし、そうできないことが多くなっている。世界が複雑になり、相互依存性が増し、ますます予測できなくなり、力と意見をもつ関係者が増えるにつれ、一方的に変化を起こすことは難しくなる。私たちには新しいストーリーが必要なのだ。

変容型《トランスフォーマティブ》シナリオ・プランニングのストーリーは、一方主義《ユニラテラリズム》ではなく協働《コラボレーション》のストーリーである。本書で紹介したプロジェクトのほとんどは、協働の必要性が動機になって始まった。その多くは、協働が増えるという希望のもてるシナリオをつくりだした。コロンビアの「結束のなかに強さあり」、グアテマラの「蛍の飛行」、カナダの「陸上運搬」、スーダンの「決定的な夜明け」、南アフリカの「フラミンゴの飛行」と「一緒に歩く」がそうだ。そして、すべてのプロジェクトが協働を特徴とするプロセスを採用し、そのプロセスを経て関係者は自らを変えることを選んだ

（強制されたのではなく）。デスティノ・コロンビアのプロセスでイバン・ドゥケが自分自身と自分の状況を変えることができた事例は、同様の例が多数あるうちの特に激変した例にすぎない。

変容型シナリオ・プランニングは、いかに協働して社会システムを変革するかというストーリーの一門に属している。ここには、家族でも、チームでも、組織でも、コミュニティでも、国でも、暴力や攻撃なしで共生し、協働するためのあらゆる種類の方法が含まれる。変容型シナリオ・プランニングは、複雑で、行き詰まり、問題のある状況をめぐり、関係者のチームが協働して前進するための特に効果的な方法だ。このように行動して、未来の変容を成功させるために必要なことは何だろう？

スポーツ心理学者のティモシー・ガルウェイはこう言う。「人間が試みる努力には必ず二つの勝負の舞台、インナー（内面）とアウター（外面）がある。アウターゲームは、外的な目標に到達することをめざして外的な障害を克服するために外部の舞台でプレイされる。インナーゲームはプレイヤーの心の中で起こる[1]」

変容型シナリオ・プランニングの**アウターゲーム**は、チームが第3章から第7章で概説した五つのステップ（招集、観察、作成、発見、行動）を踏むことによって前進する動きを起こすことだ。この五つのステップを経ながら、チームは三つのインプット（システム全体を代表するチーム、強固な器、厳密なプロセス）を組み合わせて、四つのアウトプット（理解、関係、意図、行動の変容）を生み出す。このアウターゲームに勝つために必要なのは、政治的・知的・組織的活動の三つが一組になった意欲的で複雑な活動を管理する能力だ。

一方、変容型シナリオ・プランニングの**インナーゲーム**は、チームがこの前進する動きを力ずくで押さずに起こすことだ。それは、意図的に、情熱的に、献身的に、同時に柔軟に、冷静に、執着せずにシステムを変えるということだ。芸術家のジェフ・バーナムは、このような創造的な姿勢の本質は「内容を抜きにした意図、すなわち内容はどうなるかわからない空間のなかで、体系的な、ダイナミックな、目的をもった状態でありつづけること」だと言う。[2]

変容型シナリオ・プランニングのインナーゲームに勝つために必要なのは、方向性がありながらオープンでもあるという緊張とあいまいさを処理する能力だ。ウィンストン・チャーチルは、ロシアとの交戦に要求されるのは「謎のなかの謎に包まれた謎」を解くことだと言った。[3] 変容型シナリオ・プランニングのインナーゲームに勝つために要求されるのは、逆説のなかのジレンマに包まれた謎を解くことだ。

逆説とは、自己矛盾しているように見える命題である。変容型シナリオ・プランニングの逆説は、後退することで前進することだ。押すのではなく休止することで行き詰まりから脱する。緊急の行動を要すると思われる状況に、逆に慎重な話し合いで対処する。スーダン人民解放運動(SPLM)の指導者、パガン・アマムがシナリオ・ワークショップを望んだのは、それが戦争に突き進む状況の一時停止になるからだった。創造的な、よってオープンであいまいな迂回路を経由して間接的に取り組むことによって未来を変えるのだ。作家のアンドレ・ジッドはこう言った。「長い間岸を見失うことを承知のうえでなければ新しい土地を発見することはできない」[4]

この逆説に対処するために要求される基本的な能力は**保留**である。保留とは、状況についての自分の考えを手に取って、あたかも紐から吊り下げるように、目の前に吊るすことだ。こうすると、自分も他者もその考えに注目し、調べることができるから、必要ならば、修正することもできる。保留は創造的な「U」プロセスへの入り口だ[5]。保留できなければ、新しい現実を演じるのではなく、古い現実の再演に閉じ込められてしまう。カナダのプロジェクトの主催者が心配し、後に現実になったのは、まさにその古い会話と役割の再演だった。

保留は、今起きていること、起こるべきことの見方は一つだけではないことを想定し、認めるものだ。ジンバブエでは、党派がそれぞれ一つの見方にこだわり、党派間が極端に分裂し、身動きがとれなくなっていたが、そのさなか、シナリオ・チームは保留にすれば各自の「丈夫な壁《デュラウォール》」を越えて見ることができると気づき、行き詰まりを解消する第一番のツールとして、その実践に飛びついた。保留すれば、自分が変わり、自分が変われば、他者も同じことをする新しい道が開ける。

保留という単純な行為が協力的な社会変革の鍵を握っている。多様な人と創造的に仕事をするためになくてはならない第一歩だからだ。特に変容型シナリオ・プランニングでは保留が肝心だ。このプロセスでは、起こるだろうこと（予測）や起こるべきこと（提案）のストーリーを一つだけ作成するのではなく、起こりうることについて複数のストーリーを作成するからだ。ベティー・

スー・フラワーズは「シナリオは異なるレンズで世の中を見るようなもの」と言う。(6) ストーリーが多様ならば新しい未来の可能性も多様になる。モン・フルーの初回ワークショップで三〇通りのストーリーをブレインストーミングして以来、保留とストーリーテリングで協力、創造性、前進への扉が大きく開くことに私は何度も心を動かされてきた。

保留は単純だが、簡単ではない。保留には、今どうなっているか知っているし、コントロールできているという安心感のある確信を疑ってみることが必要になる。したがって、保留は道に迷い、危険にさらされるという恐ろしい可能性も開く。これは、ハワード・ガブリエルズが、モン・フルーで以前は決して考えようとしなかったシナリオを考え抜いたとき感じたことだ。知っている、コントロールできていると思い込むことに慣れている人は、この知らないという可能性を方向感覚が狂うような混乱するものとして体験する——特にプレッシャーの大きい、いちかばちかの状況では。インナーゲームに勝つには、この半信半疑であいまいな状態のまま座ってみようとすることが必要だ。

逆説のなかには**ジレンマ**がある。ジレンマとは、一見対立するような二つの必須事項に直面し、その両方を処理しなければならない状況である。(7) 変容型シナリオ・プランニングのジレンマは、休止して前進するという逆説のなかで、永遠に緊張関係にある二つの衝動、愛と力を処理しなければならないということだ。愛とは、心を開き、ほかの考えや関係者や可能性に共感しようとする衝動である。潜在力を生み出して思考と行動を変え、そしてシステムを変えるには愛を行使する必要がある。一方、力とは、人の潜在力を発揮し、成長しようとする衝動である。生み出した潜在力を発揮するには力の行使が必要だ[8]。

私たちは愛と力を対立するものとして経験することがよくある。ほとんどの人は、どちらかを選ばなければならないと誤った判断をしている。しかし、愛か力、どちらか一方を選ぶのは常に誤りであり、それでは常に身動きがとれなくなってしまう。

心を開き、共感することだけを選び、自己実現と成長を無視もしくは否定すると、関係者の間に温かく友好的な気持ちは生まれるが、違いや潜在力を押さえ込んでしまう。この選択は関係者にとってもシステムにとっても役に立たず臆病で根拠のないコンセンサスを形成する。そういう結果をマーティン・ルーサー・キング・ジュニアは「力なき愛は感傷的で実行力に乏しい」と表現した。逆に、自己実現と成長だけを選び、心を開き、共感することを無視もしくは否定すると、関係者が各自の見方や計画に頑なにこだわって変化しないままになる。したがって、この選択は自らを変えることでシステムを変えることを妨げる。そういう結果をキングは「愛なき力は無謀で乱用をきたすものである」と表現した[9]。愛と力の両方を選ばないかぎり、協力して社会システムを変革することはできないのだ。

変容型シナリオ・プランニングでは、全体と部分に対処することによって愛と力に対処する。一方では、対象になっている個々の社会的存在（たとえば、一人ひとり）をそれ自体が完全な全体であり、それと一体不可分な筋のとおった見方や利害や進化のあるものとして扱い、そうすることによって、その存在の力の衝動を考慮する。一方、個々の存在をより大きな全体（たとえば、コミュニティ）の見方や利害や進化の一部として扱い、そうすることによって、その存在の愛の衝動を考慮する。

　このように複合的な全体に注目すると、永続的な創造的緊張《クリエイティブ・テンション》が生まれる。ディノケンのチームと一緒に仕事をしたとき、チームが断片化するまでは小さい全体（各人の見方）を重視することと、チームが集団思考に陥るまでは大きな全体（チームのコンセンサス）を重視することを交互に切り替えることで前進する道が見つかることに気がついた。[10] シナリオ・ワークでは、小さい全体（一人の有力者など）に大きい全体（チームなど）より優先して特権を与えてはいけない。大きい全体に小さい全体より優先して特権を与えてもいけない――だれかに「チームの利益」のために「あなたの議題は脇に置いておいて」と言うなどして。どちらかの全体だけを選んではいけない。いつも両方を、交互に選ばなくてはならない。そのためにリーダーやファシリテーターに要求されるのは、自分の愛と力の両方を受け入れ、行使する能力だ。

　このジレンマに包まれて、最終的には**謎**がある。謎とは、知ることのできないものである。変容型シナリオ・プランニングの核心にある謎は、未来を知ることはできないということだ。未来を調べ、未来に影響を及ぼすことはできても、未来を計算することやコントロールすることはできない。計画を立て、準備し、実践することはできるし、そうしなければならないが、その努力の結果がどうなるかはわからない。

しかし、こうしたあいまいさと難問があるからといって、行動が妨げられる必要はないし、そうなってはならない。今起きていることを受け入れたり、それに適応したりすることをよしとしないなら、選択の余地はない。一歩を踏み出すしかないのだ。もし、人と協力して一歩を踏み出し、私たちに求められることに対して責任をもち、柔軟に受け入れる姿勢があれば、私たちはよりよい未来の創造に成功できるだろう。

まとめ――変容型《トランスフォーマティブ》シナリオ・プランニングのプロセス

変容型シナリオ・プランニングのプロジェクトを企画する場合、五つのステップそれぞれのプロセスにはたくさんの選択肢がある。ここでは、第3章から第7章で述べたプロセスを箇条書きでまとめる。そのほかの参考情報については www.reospartners.com/scenarios にアクセスしてほしい。

ステップ① システム全体からチームを招集する

・味方になってくれそうな人を探し出す。
・まず主催チームのメンバーを、次にシナリオ・チームのメンバーを選定する。
・シナリオ・チームのメンバーやほかの関係者を対象に意見交換の面談を実施する。
・プロジェクト計画を作成し、必要な資源《リソース》を動員する。
・プロジェクトの器をつくる。

ステップ② 何が起きているか観察する

・シナリオ・チームで共有し、内省する。
・ラーニング・ジャーニーに出る。
・研究論文を入手する。
・リソース・パーソンと交流する。
・システム構造の駆動力《ドライビング・フォース》を探す。
・確実なこと／不確実なことをリストアップする。

ステップ③ 何が起こりうるかについてストーリーを作成する

・鍵になる確実なこと／不確実なことを選ぶ。
・演繹的にシナリオを作成する。
・帰納的にシナリオを作成する。
・仮定の未来の出来事の論理的ストーリーを書く。
・各シナリオのメタファー、イメージを見出し、シナリオに名前をつける。
・比較対照できるようにシナリオを視覚化したチャートを作成する。
・さまざまな媒体でシナリオを記録する。

ステップ④ 何ができ、何をなさねばならないか発見する

・適応型の姿勢をとってみる。
・変容型の姿勢をとってみる。
・各シナリオでの自分たちの強みと弱み、機会と脅威を考える。
・協働行動と個別行動の選択肢を考え出す。
・自身が何をなすか結論を出す。

ステップ⑤ システムの変革をめざして行動する

・個人、組織、公共のレベルでミーティングを開催する。
・印刷物、放送、ソーシャルメディアを使ってシナリオを普及させる。
・派生《スピンオフ》したイニシアチブを興す。
・シナリオに触発され、連携した関係者たちの持続的なネットワークを育て、調整する。

謝辞

私は大きな幸運に恵まれ、たくさんのすばらしい仲間とともに本書で述べた旅をすることができた。

ネイピア・コリンズ、ゲド・デイヴィス、ピーター・シュワルツ、クレム・サンター、キース・ヴァン・デル・ハイデン、ピエール・ワックなど、いつも寛大にサポートしてくれたシナリオ・プランニングのパイオニアたちにはたいへんお世話になった。

ともに旅をしてくれた次の方々の友情にも感謝している。アントニオ・アラニバル、クララ・アレナス、トーヴァ・アヴァブーフ、サラ・バブ、マット・ブランド、マヌエル・ホセ・カルバハル、デイヴィッド・クリスリップ、ダニエル・コーツ、ルース・デ・クリヴォイ、パトリック・ドッドソン、ベティー・スー・フラワーズ、キャサリン・フルトン、ピッパ・グリーン、オスカー・グロスマン、エリカ・グレゴリー、アヴナー・ハラマティ、バーバラ・ハインツェン、ジョセフ・ジャウォースキー、カトリン・ケウファー、アート・クライナー、ピーター・ル・ルー、サラ・マディソン、アルン・マイラ、ヴィンセント・マファイ、デブラ・マーズデン、イシュマエル・ムカベラ、ホアキン・モレノ、イネス・デ・モスケラ、ナンシー・マーフィー、イヴォンヌ・ミュージエン、グスタボ・ムティス、チョイス・ンドロ、ビル・オブライエン、ジェイ・オギルヴィ、レオラ・フェルプス、ベティー・プルーイット、ラファエル・ラミレス、マンフェラ・ランフェレ、トム・ラウテンバーグ、ガブリエル・リフキンド、パウラ・ロケ、スティーヴ・ロゼル、オットー・シャーマー、ピーター・センゲ、ホルヘ・タラベラ、スーザン・テイラー、マーティン・トーマス、ルイ・ヴァン・デル・マーヴェ、マーガレット・ヴォーン、アンジェラ・ウィルキンソン、アラン・ウーターズ、シャイ・ベン・ヨセフ、オファー・ザルツバーグ。

私は、個人的にもプロとしてもレオス・パートナーズのパートナーである次の方々に育てられた。レネケ・アーベルス、スティーヴ・アトキンソン、ジェフ・バーナム、マリアンネ・ミーレ・ベイエール、エレナ・ディエス・ピント、ミア・アイゼンシュタット、レベッカ・フリース、リリー・ガスナー、リーアン・グリロ、ジェラルド・ハリス、ザイド・ハッサン、ネイサン・ハインツ、マリアン・クヌース、アナイ・リナレス、コリーン・マグナー、ジョー・マッカロン、マルセロ・マイケルソン、バティアン・ニーウエルス、クリステル・ショルテン。

ALIAインスティテュート（Authentic Leadership in Action Institute）、グローバル・ビジネス・ネットワーク、国際未来フォーラム、ペガサス・コミュニケーションズ、組織学習協会（SoL）、オックスフォード未来フォーラムは、実践家たちのすばらしいコミュニティであり、私もその一員だが、進行中の私の仕事に関して発表する機会やフィードバックを得る機会をいただき感謝している。

本書の草稿にはいろいろな方が有益な助言をしてくれた。特に次の方々にお礼を申しあげる。アントニオ・アラニバル、ジェフ・バーナム、マリアンネ・ミーレ・ベイエール、マイケル・クローリー、コリーン・マグナー、エレナ・ディエス・ピント、ミア・アイゼンシュタット、ローナ・イーリー、ベティー・スー・フラワーズ、レベッカ・フリース、リー・ガスナー、リーアン・グリロ、ジェラルド・ハリス、ザイド・ハッサン、エリザベス・ヘック、デイヴィッド・カヘン、アート・クライナー、マリアン・クヌース、ジェフリー・キューリック、ピーター・ル・ルー、ロビー・マクファーソン、サラ・マディソン、コリーン・マグナー、トレヴァー・マニュエル、コニー・マシーセン、マルセロ・マイケルソン、ホアキン・モレノ、クリステン・ムーサリ、グスタボ・ムティス、スティーヴ・ピエールサンティ、ラファエル・ラミレス、アシュレー・レッドフィールド、ジーヴァン・シヴァスブラマニアム、キース・ヴァン・デル・ハイデン、アンジェラ・ウィルキンソン。

最後に、温かくサポートしてくれた家族、特に妻、ドロシーに感謝を捧げる。

付録　ケーススタディ
地域の未来を探るシナリオ・プランニング

はじめに（監訳者から）

以下はオランダのリンブルフ州で行われたシナリオ・プランニングの模様を伝える資料である。プロジェクトのなかで作成されたシナリオのテキスト、関係者による考察やインタビューをまとめた現地ニュースレターを、発行元のＨＩＴ財団の許可を得て翻訳し、一部編集したものだ。

リンブルフという地名は、オランダ南部とベルギー東部にまたがる地域を指し、歴史的にはドイツの一部も含めて長く一つの地域として存立したが、一八三九年に分割され、現在はオランダのリンブルフ州（州都マーストリヒト）とベルギーのリンブルフ州（州都ハッセルト）に分かれている。オランダのリンブルフ州はドイツとも国境を接しており、地理的にはヨーロッパの中心とも言える位置にある。オランダ最古の都市とされる州都マーストリヒトはＥＵ（欧州連合）の創設を定めた条約の締結地となった。

豊かな歴史と伝統を持つリンブルフだが、近年の市場統合などの流れのなか、若者離れや高齢化が進展し、活力の低下、衰退の危機が叫ばれている。以下の事例は、時代の変化のなかで地域の社会・経済をどのように舵取りしていくべきかを探ったものであり、同様の課題に直面する日本の自治体・地域社会にとっても参考になるだろう。

プロジェクトの概要

二〇〇九年初めから、リンブルフと周辺地域のステークホルダーや専門家が、地域の経済と雇用市場について理解を深めようと活動を続けてきた。協力して、不確実なことや駆動力《ドライビング・フォース》を特定し、四つのシナリオを作成した。このシナリオは未来がどうなるかという四通りのストーリーであり、このシナリオ作成から根底にあるダイナミクスを表す一つのシステム・モデルに至った。

このモデルは、社会経済の発展を動かす複雑なシステムを知る手がかりになる。その目的は、自治体職員や政策決定者がよりよい長期的な決定をできるようにすることだ。それは、地域の未来のために共通の利益と効果的な戦略を探し求める戦略的な旅とも言える。

プロジェクトは「ナイチンゲール」と名付けられた。さえずりの美しい鳥の王者、ナイチンゲール（サヨナキドリ）はリンブルフとその周辺地域でよく見かける。地域に伝わるいくつかの民謡にも出てくるほど親しまれている鳥だ。地域の未来を探るこのプロジェクトは、公共・民間を問わず地域の関係者が参加して地域の未来を正しい方向に導くために話し、考え、行動する機会となった。プロジェクトにはオランダだけでなく、ベルギーとドイツからも関係者が参加した。

このプロジェクトは、ＨＩＴ財団で結びついたリンブルフの政治家と社会的パートナーによるイニシアチブであり、四人のユーロリージョン代表者、オディィレ・ウォルフス（オランダ領リンブルフ）、マルク・ヴァンデプト（ベルギー領リンブルフ）、ジュリアン・メストレ（リエージュ）、アルツール・ハンセン（アーヘン）によって支持されている。また、南リンブルフ都市ネットワークやリンブルフ協働による水・土地利用管理プラットフォームなど、既存のプラットフォームとの協力を求めている。

参加組織としては、オランダからはリンブルフ州、基礎自治体、雇用主、労働組合、ベルギーからリンブルフ州、ERSVリンブルフ（地域パートナーシップの非営利組織）、リエージュ州、ドイツからレギオ・アーヘン、レギオ部局が参加した。

また、このプロジェクトは、ヨーロッパ連合（地域雇用開発）とリンブルフ州の資金援助を受けている。プロセスのファシリテーションはＨＩＴ財団が担った。

シナリオ・プロセス

シナリオ・プランニングの手法を使ってリサーチが実施された。ここでは、環境要因と相互関係を綿密に調べ、根底にあるダイナミクスをもっとよく理解することが必要だった。そのプロセスをキース・ヴァン・デル・ハイデン教授（オックスフォード大学、シェル）が指揮した。

シナリオ作成は、ステークホルダーと専門家が関わる反復プロセスである。意思決定者、政策アドバイザー、学者がインタビュー、ワークショップ、ディスカッションをとおしてシナリオ作成に参加した。そのおかげで、知識と多分野の専門的見解が結びつき、段階を経るごとに洞察がより精密になった。

多分野にまたがるシナリオを作成すると、未来を決定する力のしばしば複雑な相互作用をよく理解できるようになる。プロセスは次のように進んだ。

よいシナリオなら、洞察、共通理解、行動の基盤が得られる

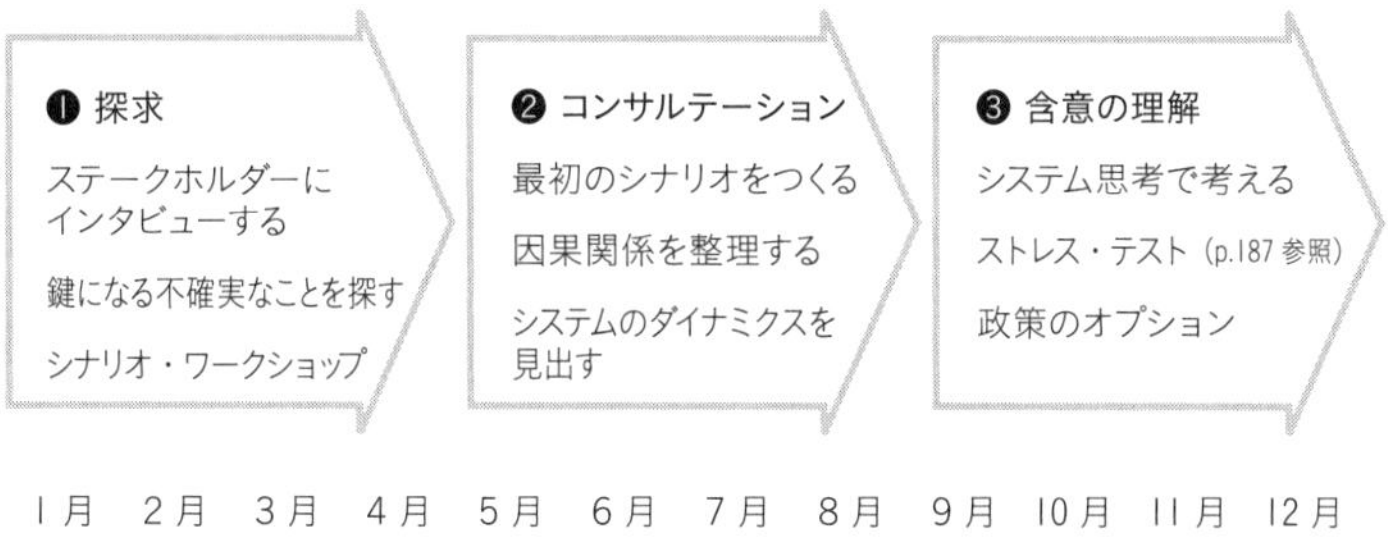

❶ 探求

ステークホルダーにインタビューする

まず地域の意思決定者二五人に対するインタビューによって骨組みを作った。それぞれから夢と悪夢、両方のシナリオについて、望ましい未来への道のりで下さなければならない決定やぶつかる障壁について話を聞いた。

鍵になる不確実なことを探す

ハッセルト（ベルギー領リンブルフ州の州都）とリエージュでは、地域のステークホルダーが、未来を大きく左右する不確かな要因を洗い出した。それらはシナリオ作成の構成要素となる。

シナリオ・ワークショップ

二〇人の専門家が二日かけてシナリオの基本構造をデザインした。シナリオ・チームは、雇用市場の専門家、経済学者、歴史学者、政策決定者など多様なメンバーが集まったグループである。

活動中のシナリオ・チーム

❷ コンサルテーション
最初のシナリオをつくる

シナリオ・チームは、蓄積した長いリストから二つの基本的な不確実なことを選んだ。世界と対比したときのリンブルフの相対的な社会的強みに決定的な影響を及ぼすと予想される二つの外的な要因である。シナリオ・マトリックスはこれから生まれた。

シナリオ・マトリックスから、四つの起こりうる未来、すなわちリンブルフの社会経済情勢が向かう可能性がある4つの方向がわかる。

因果関係を整理する

七五の因果関係が四つのシナリオから抽出された。それらは一つのループ図（相互に関連したフィードバック・システム）として簡潔にまとめられた。

システムのダイナミクスを見出す

意思決定者、戦略立案者、さまざまな専門家に向けてリンブルフの社会経済システムが再び発表され、コンサルテーションを受けた。たとえば、こんな反応があった。「スケッチされたシステムは完璧に近いと思います。モデルもシステムに作用する外的な変数を明らかにしています」。シナリオとシステムの両方がこれに基づいて調整された。

❸含意の理解

システム思考で考える

このようにして見出した社会経済のダイナミクスを踏まえて、政策への示唆を探る。

モデルは出来合いの解決策を提供してはくれないが、戦略を話し合うときのツールになる。モデルを使えば、政治的な欲求の観点から考えるのではなく、政策の効果の観点から考えることができる。

政策ワークショップ

二〇〇九年一一月一八日、政府、ビジネス、教育の分野の多様な意思決定者や戦略的政策アドバイザーが集まったグループが一緒にモデルに取り組んだ。鎖のようにつながった関係のなかで全員の役割は何か？　どうすれば異なるビジョンや戦略が補強し合うのか、妨害し合うのか？

重要な問いは、「どうすれば協力してよりよい決定ができるか？」である。

シナリオはどのように作られたか

どうやってシナリオができあがったのか、ＨＩＴ財団理事で当プロジェクト発起人のフランス・バスティアーンズとシナリオ・プランニングの第一人者であり、当プロジェクトのリサーチを率いたキース・ヴァン・デル・ハイデンに話を聞いた。

バスティアーンズ　未来には不確実なことがつきものです。シナリオに取り組むとき、この不確実なことを所与の事実として受け入れます。地域の専門家によるチームが、二五人の地域の意思決定者に対する聞き取りに基づいて、不確実なことのうち鍵を握るものを抽出しました。

――その不確実なこととは何ですか？

バスティアーンズ　突出した第一のテーマは、リンブルフにおける目標と期待の分裂でした。これは将来分裂したままか統合に向かうかまったくわかりません。第二のテーマは、国境を越えた新しい、より大きな市場へのアクセスです。国境があるゆえの障壁を取り除けるか？　です。

――どうやって不確実なことの抽出からシナリオに至ったのですか？

ヴァン・デル・ハイデン　二つの不確実なことの両極をシナリオ・マトリックスの縦軸と横軸にしました。これで四通りの組み合わせができ、それらが四つのシナリオになりました。

――シナリオはどう読み取れますか？

ヴァン・デル・ハイデン　「ハムスター」から説明したいと思います。これは、二つの不確実なことがそのまま変わらない基本状況のようなものです。リンブルフは分裂したまま、アントレプレナー（起業家）

も国境を越えることはまったくないか、ほとんどないという状況です。最終的には、システムがゆっくりと、だが確実に沈み、悪循環に陥るという沈滞のシナリオです。このシナリオを「警鐘」と呼ぶ人もいます。

――それは避けられないことですか？

バスティアーンズ　絶対にそんなことはありません。*等しく現実になる可能性がある四つの未来の一つにすぎません。ほかの三つのシナリオでは、連携か統合、どちらかの次元もしくは両方に何らかのことが起こります。

「九〇度回転」を見てみましょう。「ハムスター」では国境が閉じたままですが、「九〇度回転」では正反対のことが起こります。これは地域のビジネスにとって大きな追い風になります。「九〇度回転」は、これが社会の分裂した目標と組み合わさるとどうなるかというシナリオです。私たちの見方では、これが長期的には未来への自信を損ない、その結果、発展が後退して停滞すると考えました。

――つまり、連携が最も重要な変数だということですか？

ヴァン・デル・ハイデン　それは「ルーツ」で検討しました。リンブルフの力がゆっくりと同じ方向に動き出し、目標や価値観がそろったら、どうなるか？　そうなったら、上からの統率が可能になり、リンブルフの成功の公式に集中的に取り組めるでしょう。得られるものも多くなります。しかし、結局、リンブルフの市場はとても制限されたままです。

「ハチの巣」は、社会的連携と市場統合の組み合わせによって自信を回復したらどうなるかという

---

*　このシナリオ・プランニングは適応型であることに留意されたい。

シナリオです。地域を再び「クリエイティブ・クラス（現代の経済成長の鍵となる創造的産業の従事者や高度な専門職。一七八頁参照）」にとって魅力ある場所にする原動力が引き出されます。リンブルフは上向きになります。未来への自信は依然として成否の分かれ目です。ところで、成長の限界はあるでしょうか？　答えを知りたければ、シナリオを詳しく読んでみてください。四つのシナリオの詳細は次頁から説明していきます。

――次のステップは何ですか？

ヴァン・デル・ハイデン　人々に、シナリオを踏まえて自身の計画を立て、それで四つの異なる世界を切り抜けられるか考えてみてもらいます。どうすればもっとうまくいくか発想してもらうのです。四つのシナリオはすべて等しく現実になる可能性があり、どれも起こりえます。問題は、準備ができているか？　なのです。

シナリオ・マトリックス

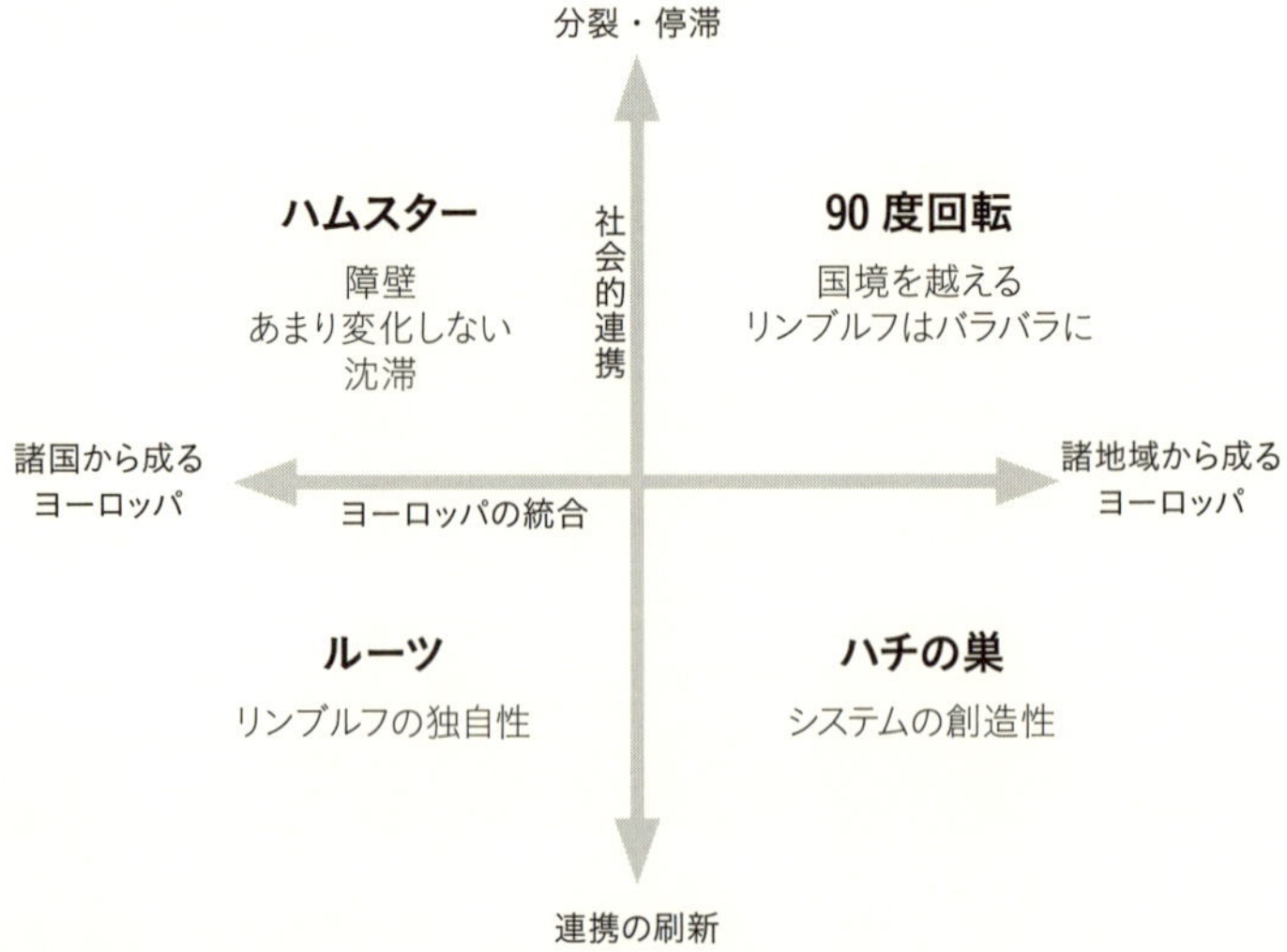

ナイチンゲール　四つのシナリオ①

ハムスター

リンブルフ再浮上のイニシアチブが多々あるにもかかわらず、社会の分裂と連携不足があらゆる前進を妨げている。国境を越えた協力も軌道に乗っていない。このままでは、未来への自信は薄れ、あきらめが支配的になっていく。リンブルフの価値観が再び重要視される。

マース川－ライン川流域におけるヨーロッパ各国間の協力の可能性をめぐる楽観論は、「ハムスター」シナリオ以前からすでに少しずつ減退していた。二〇〇九年、国際的な障壁がしっかりと残っており、国境を越えた協力の機会は消えかけていた。それに加え、人口減少の影響が感じられるようになってきている。若い世代が地域を離れ、急速に高齢化が進んでいるのだ。

イニシアチブの氾濫

アヴァンティス・ビジネス・パーク、「技術先端地域」、「加速プログラム」など、流れを変えるためのイニシアチブが次々と打ち出されたにもかかわらず、ほとんど前進は見られない。自社や自身の利益を優先し、社会の利益のために犠牲を払おうというものはないに等しい。アントレプレナー（起業家）と市民は、地域自治体の分裂と一貫性の欠如に不満を感じている。フロリアード２０１２（国際園芸博覧会）や「マーストリヒト文化首都」（二〇一八年「欧州文化首都」の候補地）などの有望なイニシアチブも、地域の強みについての共有ビジョンがないせいで、これといった派生イニシアチブや組織展開につながっていない。雨後の筍のように新しいプロジェクトが生まれても、熱意と資金が尽きればさっさと消え去っていく。

長期的なリーダーシップが欠けている。沈滞ムードが地域を支配し、当初の楽観論は未来への不透明感、無力感、自信喪失へと変わる。

雇用市場はより大きなプレッシャーにさらされている。専門的能力を伸ばす機会が十分にないために高学歴者が地域を離れ、資格や能力をあまり持たない人々の間で失業率が上昇しつづけている。経済危機も一因で、ハーグの中央政府はオランダ西側の都市部への凝集に焦点をあてている。リンブルフは投資対象外の地域なのだ。

実現しない回復

世界経済がゆっくり回復する一方、リンブルフが深刻な打撃を受けたことが明らかになる。多くの企業が本社や知識構造を移転していたのだ。「リンブルフ・ブランディング」や「すべてが南リンブルフに」など、企業活動と質の高い雇用を引きつけようというイニシアチブは無駄に終わる。リンブルフは高学歴の若者にふさわしい場所ではなく、衰退の同義語と化す。したがって、リンブルフは補助金の形で支援を受けるが、これがいっそう自信を蝕む。

回復と前進が現実味を失うにつれて、悪循環を逆転させることは不可能だという心情がさらに広がる。ゆっくりと、情熱が消えていく。「どうせ主流からはずれた周辺に住んでいるんだし、それをどうにもできない。せいぜい一緒に頑張るくらいしかできない」という受容とあきらめの心情が蔓延する。その結果、期待は低くなり、リンブルフは現状維持にエネルギーを注ぐ。昨日までの望みの高い野心は、補助金の申請と置かれている状況で極力有利に事を運ぶための試みに道を譲る。

二〇二五——〝懐かしき〟リンブルフに戻る

二〇二五、結果が明らかになる。人口減少が続き、それが今ではリンブルフ全体に広がり、パルクスタット、マーストリヒト、ルールモント、フェンローにまで及び、リンブルフは苦しい変化のプロセスを強いられた。隣人は姿を消し、学校が閉鎖された。経済は大きく鈍化した。大手企業は移転し、残っている企業（主に中小企業とサービス業）は地元志向か地域志向だ。古くからある無難な概念が引っ張り出され、埃を払われた。リンブルフ残留組はこれを喜ぶ。もう一度〝懐かしき〟リンブルフに一体感を抱けるからだ。労働人口と大半の教育コースはこれに応じたものになる。高学歴者は比較的少なく、社会的ネットワークと知識構造はかろうじてある程度、そして独創的な起業家らしきものはほとんどいない。労働需要は低下したかもしれないが、供給はそれよりもっと低下した。

経済的・文化的野心は、より非物質的な興味関心に道を明け渡した。リンブルフの視点は内向きになり、伝統的なリンブルフの価値観が再び何よりも大切になる。リンブルフは繁栄していないけれども、生活の質（ＱＯＬ）はまずまずだ。仕事があり、人間関係は友好的だし、ワーク・ライフバランスも良好だ。余暇のための諸団体が繁栄する。家族、快適な住環境、安全な作業空間、ストレスが少ないことが重要な価値観なのだ。

ナイチンゲール　四つのシナリオ②

ルーツ

「ルーツ」シナリオでは、リンブルフは独自のスキルを組み合わせて経済的成功の公式を編み出す。もう一度、リンブルフは楽観ムードにあふれ、住むのにも働くのにも魅力的な場所という評判を得る。国境を越えたビジネスは、依然あらゆる障壁によって阻まれている。しかし、リンブルフ住民は伝統的な価値観に満足しており、限定的な成長に耐える覚悟ができている。

二〇〇九年の信用危機が収束するとき、リンブルフはあいまいな状態にある。経済活動は打撃を受けていた。大手企業が移転してしまい、投資は実現しなかったのだ。よかれと思ってなされた流れを変えようとする試みもたくさんあったが、ほとんど結果が出ていない。人口減少は、能力の高い若者の地域離れが特に痛手となり、影響を残していた。リンブルフは高齢化する人口と停滞した経済を抱えて取り残されている。

国境の障壁対地元産のパワー

かつてはヨーロッパ統合への大きな期待があった。国境を越えて働くこと、ビジネスを行うこと、住むことに対する障壁は、ユーロリージョン（隣接するヨーロッパ諸国間の協力体制）を成功させるために取り除かれるだろうと人々は考えていた。オランダとベルギーのリンブルフは「大リンブルフ」と呼ばれ、ハーグ中央政府は「ヨーロッパ・パイロット地域」を導入した。しかし、経済を刺激し、イノベーションを促進するための数々のイニシアチブは静かにに計画から外されていった。リンブルフが経済の巨人になる希望はないも同然だった。ブリュッセル（ベルギー政府）は地域協力によるヨーロッパの統合については沈黙している。国境を越えた交流は難しいままだ。

経済危機を抜きにしても、機会が失われてしまったのは社会が分裂しているせいでもあった、というのが地域の声である。誰もが自ら招いたアイディアとダイナミックなリーダーシップの欠如に直面していた。「地域住民を結びつけるビジョンに基づいて自分たち自身を再発見しなければならない。そこに私たちの機会がある」というような考えをもつ人が多くなった。

行き詰まりの打開を求める声は、大きくなれば行政改革を可能にする。北部・中央・南部地域それぞれの地場の強みは経済発展の土台になる。「ルーツを足がかりにせよ」が信念である。この新しい地区が広い権限をもち、いくつかの自治体は自主的に廃止される。それぞれの地域ごとに政治、ビジネス、教育が協力して地域の経済的成功の方策を編み出す。北部は農業、園芸、食品加工、ロジスティクス（物流総合管理）に重点を置く。パルクスタットを含む中央リンブルフは生化学、持続可能エネルギー、小売業に投資する。南部は文化、観光レクリエーション、健康、小売業に重点を置く。リンブルフは地域に深く根ざした技能に基づいて新しいビジネスモデルを築くのだ。

トリプル・サクセス

リンブルフは、この三分割された地域において自らを再発見する。リンブルフ独自の資質こそが、経済的成功と社会の前向きな発展に導く強みと認識される。そのことが、中央政府にとって論理的な選択のための指針となる。市場も賢く反応する。最初の成功が約束されれば、リンブルフは未来への自信を取り戻せる。

このうえなく楽観的なリンブルフは少しずつ存在価値を高めていく。能力の高い若者にとってリンブルフは長いこと何もない地域だったが、そんな若者たちの間でリンブルフの特質の魅力が認識されるようになる。はっきりと住民に伝わっているビジョン、戦略、リーダーシップのある州は、未来への自信を生み出す。地域に残るか、戻るかする能力の高い若者が増えていき、それに伴って知識や創造性も流入してくる。

リンブルフ市場を中心にした経済は積極的な発展を見せる。教育は地域のニーズを満たすものになる。既存の企業は新しい方向感覚を見つけ、一方、新しい企業は機会をつかむ。創造性が育つ余地がある。地元の交流、小規模ベンチャー、インフォーマル（非公式）なソリューション、相互サービスからイノベーションが起こる。長い準備期間を経て、経済は堅実に成長する。とはいえ、オランダのほかの地域には追いつかないのだが。

限界のある成長

しかし、住民にとっては非物質的な価値のほうが経済成長よりも大切だと判明する。昇進の機会があるよい仕事、文化、リンブルフの価値観が生かされる余地、安らぎと空間、仕事と自由時間の良好なバランス、活発な人づきあいこそが重要なのだ。地元に戻ってきた人はその決定を後悔していない。

ただし、長期的には、経済発展は規模の問題と小さすぎるローカル市場によって制限される。国境を越えてビジネスを行うことは、中小企業にとってはいまだに困難すぎる。「ルーツ」モデルは有効期限が短く、新たな障害が現れる。

ナイチンゲール　四つのシナリオ③

九〇度回転

「九〇度回転」シナリオでは、国際的障壁の引き下げがリンブルフのアントレプレナーに新しい視点をもたらす。水平的な国境を越えた協力が活発になり、チャレンジ精神のある企業は新しい機会を進んで受け入れていく。東西の協力、市場ダイナミクス、プラグマティズム（実利主義）が優勢となり、三つの国際的な経済地域がそれぞれの経済構造を発展させる。

二〇一〇年以降、国際的障壁は次第に取り払われていく。特に企業にとってはそうなる。国境は開放され、リンブルフのアントレプレナーは国境を越えた機会をつかみ、その市場は拡大する。彼らは競争相手に追い越されないように数々の革新的なアイディアを試す。外国市場からは距離を置いていた中小企業も国境を超えてきわめて積極的に活動するようになる。トレンドの仕掛人が商機を発見すれば、たちまち他社も追随する。市場からのプレッシャーが重いことは明白である。プラグマティズムと短期的思考が流布している。「うまくいくものは、うまくいく」と。

市場主導

強い市場ダイナミクスが地域経済を隆盛にする。開かれた国境が視野を広げる。南リンブルフからハーグまでの回廊地帯がいかに狭かったか今になってようやくはっきりする。国境を越えて協力するベンチャーが北と南の関係を支配しはじめる。三つの対等な経済地域、北・中央・南リンブルフが形成されつつある。それぞれの首都は、順にフェンロー、ルールモント、マーストリヒトである。ただし、それぞれの重心は必ずしもオランダ国内にあるわけではない。これに関して政府は何ら指導的役割を果たさない。ベルギーやドイツとの行政上のつながりが強化され、地域当局はビジネスにできるだけ干渉しないようにする。しかし、住民は懐疑的だ。さらに、州政府はその不在ぶりが次第に目につくようになり、国家的側面も衰える。

一方、人口減少は続く。初めは南部で、後に北部でさらに深刻になる。経済活動が原因で労働力が不足していく。多くが新しいリンブルフ住民である外国人労働者がそれを穴埋めする。特に半熟練労働者と単純労働者の需要がある。能力の高い被雇用者の雇用はほとんどない。無力な政府も大きなマイナスの影響を与える。市場主導の短期的な利益にばかり焦点を合わせているのだ。これでは未来にしっかり自信をもてるようにならない。リンブルフは依然としてクリエイティブ・クラスにとって魅力ある場所ではない。

教育とビジネス

教育機関どうしの国境をまたぐ協力も次第に増えていく。その主眼は地域が求める労働力の育成に置かれ、教育の機会はこのニーズを満たすべく実用的なものになる。たとえば、南リンブルフではライフサイエンス（生命科学）の教育プログラムがあり、北リンブルフではグリーンポート（施設園芸農業団地）やロジスティクスのコースがある。言語教育も息を吹き返す。オランダに移住してくるベルギー人とドイツ人の増加が一因で移民の割合が増える。求められる能力をもたない失業者はもはや仕事を見つけられない。

二〇二〇年、「九〇度回転」社会はビジネスにとって魅力ある機会を提供している。大半のリンブルフ住民の日常生活を形容するキーワードは野心、成長、複雑さとバイタリティ、成功と商業である。マイナス面は不確実さだ。政府の仕事は、多かれ少なかれ人口減少対策に限られている。ほとんどの人は遠距離通学をしなければならない。保育サービスは商業化されてしまった。生きることは、がむしゃらに働き、わずかな自由時間を楽しみ、やや不安定な経済的成功を得ることである。それでも、誰もが経済的に成功できるわけではない。好景気の恩恵を受ける者とそうでない者の格差が広がっていく。

逆戻り

この加速度のついた経済拡大の間に社会で生まれた創造性とイノベーションは、大部分がアントレプレナーのおかげだった。しかし、高学歴の若者が不足しているということは、ソーシャル・キャピタルや文化イノベーションが十分に発展していないということだ。

主として市場主導の発展の限界は二〇二五年頃いっそうはっきりしてくる。より大きな経済活動の場への進出がつまずくのだ。小規模ビジネスは、次第にリンブルフにある本拠地から遠くに営業に出ることを余儀なくされ、これに不安を感じている。アイディアは枯渇、アントレプレナーシップ（起業家精神）は衰え、成長は横ばい、そして未来への自信は徐々に減退していく。短期的思考と社会の商業化や二極化に対する抵抗が大きくなる。リンブルフの非物質的な価値観が再び重要な意味をもつようになる。住民は政府にはあまり期待していないし、州はすでに行政単位としてはばらばらになってしまった。もっとリーダーシップがほしいという要求が強くなっていく。

ハチの巣

「ハチの巣」シナリオでは、リンブルフはまさにヨーロッパの中心でイノベーションの温床として発展する。ローカルなものと国境をまたぐもの両方の障壁が取り除かれ、新しい市場とクリエイティブ・クラスが活躍するダイナミズムが生まれる。リーダーシップの要請は減少し、住民は今やファシリテーション型政府を望んでいる。ハチの巣は、〝クリエイティブ・スピリット〟が自由に、妨害されずにはばたける地域を象徴している。ただし、古い既成集団が抵抗するまでは、だが。

二〇〇九年、景気後退、崩壊しかかった産業、従来の職に対する需要の低下、見捨てられた地域になる予感が切迫感を生み出していた。リンブルフはゆっくり辺境の地位へと沈んでいくように思われた。現在のシステムと制度ではリンブルフが「おもしろい地域でありつづける」ことはできないと実感する住民がますます多くなった。リンブルフには新しい刺激が必要だった。地域自治体の職員、アントレプレナー、市民は新しい方向に船出する用意ができていた。

新しい連携

これは、そのときようやく現れはじめた根本的な現象、「クリエイティブ・クラス」の増加と同時に起こった。クリエイティブ・クラスとは、高等教育を受けた若い専門職の新しい世代を指す。彼らの特徴は冒険心、ネットワーカー、革新的、創造的、ボトムアップ、個人主義、自律的である。新しいテクノロジーとともに育ち、知識をネットワークで結びつける。ヒエラルキー（階層）構造を嫌い、定職についていて、あるいはフリーランサーかボランティアとして、自分を成長させることを望む。オフィスは仕事を見つける市場《いちば》となった。彼らはセルフスター（自発的な人）であり、古い構造を打ち壊すことに再び関心をもつ層だ。「チャンスを活かすには機会が必要である」と。

政府が強いリーダーシップを発揮すべきだという従来の要求は弱まっていた。若いアントレプレナーは国境を越えて活動する新しい機会を見つけた。そして夢を実現するために自分でイニシアチブをとることを望んだ。また自分の可能性をフル活用するための自由も望んだが、公式・非公式を問わず、ローカルなものと国境をまたぐもの両方の障壁によって阻まれた。彼らには地域のイノベーションをサポートし、促進するファシリテーション型の政府が必要だった。

二〇一〇年には、まだヨーロッパの協力への道には障壁が敷き詰められているようだったが、二〇二五年になると国境は事実上あいまいになる。当時、新しく開始された国境を越えた協力の試験地域が今、活況を呈している。統合はドイツとの協力に重点を置くことによって加速された。ドイツとオランダの行政官は、力を合わせて不必要な規則に反対した。ドイツとオランダの財政・社会問題のために単一の役所が設立された。国境問題に対する障壁（と思われるもの）に関する経験を共有しようとバーチャルな雇用主のネットワークも創設された。また国境を越えた労働の需要と供給をつなぐオンライン・フォーラムがある。

投資家としての政府

政府は新しい構造に投資する。国境を越えたインフラを改善し、時代遅れの規則を撤廃し、社会的セーフティーネットを提供するのだ。余剰住宅の新しい活用法を探すといった大きな開発プロジェクトは市場に任される。パルクスタットは、新しい、広々とした住環境によって人気の住みたいエリアとなり、アーヘン（ドイツ）の裕福な住民も引きつけている。これは、リンブルフ州を全体として考えた統合的なゾーニング計画（工場地区・住宅地区などに区画すること）のおかげでもある。拡大していくダイナミズムに敏感に従う投資家の関心は大いに集まっている。人口が減少しているにもかかわらず、ハーグの中央政府に施しを請う必要はない。

イノベーションは、知識が高く評価され、生涯学習があたりまえになるとき盛んになる。教育研究機関は、技術的・社会的インキュベーター（ベンチャー事業が軌道に乗るまで支援する組織）でトップ・アントレプレナーと密接に協力する。大学は研究と教育を統合し、新しいターゲット層にアプローチする。教育は社会の創造性やアントレプレナーシップに即して整備される。住民の平均的な教育水準は著しく高くなり、ドイツ語が再び学校の必修科目になる。

マーストリヒト条約が調印されてから三〇年以上を経て、リンブルフは再び知名度を上げる。国境を開放したことで文化的視野が広がった。コスモポリタンの「ハチの巣」は、域外のクリエイティブ・クラスを引き寄せる磁石である。若い才能はここで一〇〇％ヨーロッパ人になりきり、ヨーロッパの進歩に取り組むことができる。クリエイティブ・クラスは他文化に対して寛容であり、未来への自信はたっぷりある。今世紀初めの若者流出は、刺激のある場所にいたがる高学歴の若者の流入に置き換わった。その結果、大手企業がリンブルフの雇用市場に新たな関心をもつようになる。原則として、これは自己強化型のシステム（一七九頁参照）である。

しかし、長期的に見れば、クリエイティブな勢力は、いわゆるサイレント・マジョリティ（物言わぬ多数派）と衝突する。イノベーション重視はリンブルフの伝統的なアイデンティティを損なう。コスモポリタンの「ハチの巣」では「類は友を呼ぶ」という島国思考が入る余地はどこにもない。あらゆる年齢層の〝生粋の〟リンブルフ住民は、次第にこのボトムアップ型イノベーションを進歩だとは思わなくなり、ゆっくりと背を向ける。アバンギャルド（型にはまらないこと）はもはや歓迎されないのだ。二〇二五年の時点では、どのサブカルチャーが地域で長期的に認められるかはまだはっきりしない。自信とバイタリティは揺らぎはじめる。

市場は健全か――有機体としての社会経済システム

どんなに現実味のあるシナリオだとしても、未来は期待どおりにはならないものだ。しかし、どの未来のビジョンが優位になろうと、根底にあるメカニズムの真相にたどりつける人のほうが、現在、何かを決定する態勢が整い、未来のリンブルフをよくする結果につながるだろう。

こうした決定は、さまざまな起こりうるシナリオの背景に対してなされる。この未来のシナリオはすべて、つまるところ一つの構造を形成する根本的なメカニズムの社会経済システムの構造を表している。一七九頁の図1は、「ナイチンゲール」シナリオ・チームが分析したリンブルフの社会経済システムの構造を表している。要因どうしが複雑に影響を及ぼし合っている。「先生、こっちを触ると、あっちが痛むんです」というように。

因果関係は、どんな文脈《コンテクスト》にしろ、必ずしも直線的ではない。だから、考え方を根本的に切り替える必要がある。とはいえ、影響する要因とそれらの相互関係をシステムとして見ることができるようになれば、ある人の行動の結果がどうなりそうかをより深く理解できるだろう。

生きているリンブルフ

力いっぱい打たれてテーブルの上を往復するピンポン玉は、玉が打たれるたびに加えられるエネルギーに従う。それは線形の反応である。対照的に、相互に関連したシステムは、システムに属するプレイヤーの決定にただ従うことはない。

図1を見ると、リンブルフの社会経済システムは相互に関連したフィードバック・サイクルであることが

わかる。このシステムはやや自動車のハンドルに似ている。それは、それ自体のダイナミクスに支配されている。前の出来事によって生み出されたエネルギーが今の出来事にも影響するダイナミクスだ。この点で、それはまるで生き物のようだ。こういうわけで、システムは自律的な生命をもっている。私たちは、長い目で見れば、以前の決定の結果に直面するが、結果が明らかになるには時間がかかる。今日ここが痛くても、明日はまったく違う場所が痛むかもしれない。

図1のようなシステムは「自己強化型フィードバック・ループ」と呼ばれる。

このフィードバックはシステムを二つの異なる方向に動かす。まず、〝健康状態〟がどんどん悪化する悪循環に至る場合がある。しかし、同じシステムが新しいエネルギーを放出し、上昇スパイラル（好循環）を生み出す場合もある。

悪循環

能力の高い若者の地域離れを例にとってみよう。図中で「クリエイティブ・クラス」と呼ばれているセルフスターターたちである。この層が地域を離れるとソーシャル・キャピタルが減少し、この層に関係のある創造性が低下することになる。アントレプレナーシップや需要と供給が衰えるので経済活動も損なわれる。その結果、生活の質（ＱＯＬ）に直接的で目に見える影響が出る。たとえば、村のベーカリーが店を閉め、焼きたてのパンを買ったり、ちょっと立ち寄って雑談したりする場所がなくなる。理学療法のクリニックも閉鎖され、スポーツクラブやビデオショップもそれに続く。しかも、これはほんの始まりに過ぎない。

こうしてＱＯＬが悪化すれば、未来に自信をもてなくなる。それがまたクリエイティブな若者の流出に拍車をかける。この悪循環プロセスを好転できるだろうか？

用語の定義

クリエイティブ・クラス：セルフスターターに分類される層の一部。この用語はポール・レイによって紹介され、米国の社会学者、リチャード・フロリダによって広まった。革新的に仕事に取り組むセルフスターターは、クリエイティブ・クラスに属する。この層を引きつける地域はソーシャル・キャピタルが発展し、繁栄する。そうでない地域は辺境の地位に凋落する。

ソーシャル・キャピタル（社会関係資本）：人々が柔軟にネットワークや知識構造に参加し、共有する知識・価値観・信頼・相互利益・コミュニティのための活動を創出する行動がどれだけ活発かを指す。この社会的ネットワークは、個人と集団の両方においてイノベーションを起こすための資本が増加し、生産性が向上することに貢献する。

社会の創造性：既存の状況に新しい、オーソドックスでない方法で対応する能力。従来どおりの活動に対する必要性が絶えず減少し、創造的で知的な仕事に対する必要性は増加するという発展をしている社会。こういう状況では、行動様式や態度としての創造性が発展と生産性を促す。

アントレプレナーシップ（起業家精神）：社会のなかで他者が思いつかないような機会を見抜き、それをイノベーションとして成功させる能力。

経済活動：未来に投資することに基づくあらゆる活動。それによって社会における経済的価値を生み出す。イノベーションとアントレプレナーシップは、モノやサービスの需要と供給の面で経済活動の成長を刺激する。

資産：経済や社会に投資するために利用可能な財政手段。

文化イノベーション：文化の変革は既存の文化的視野のモデルに基づいて生まれる。文化イノベーションは社会の文化的視野を広げる。それにはオープンで寛容であることが要求される。

生活の質（ＱＯＬ）：自己成長、経済的資産、寛容さ、文化的多様性、住環境、学校施設、社交施設、文化イベントおよび自然とレクリエーションなどの実現可能性を総合したもの。仕事や余暇において自己を表現する能力。

未来への自信：未来のＱＯＬについて楽観的に考える度合い（悲観的に考えれば自信は減少する）。

教育水準：住民が社会の要求に相対して教育訓練を受けている程度。

システム思考：システムとは、相互につながっている要素の総体のこと。システム思考とは、ものごとをつながりや全体像、根源から捉えるものの見方、考え方である。

図1　リンブルフの社会経済システム

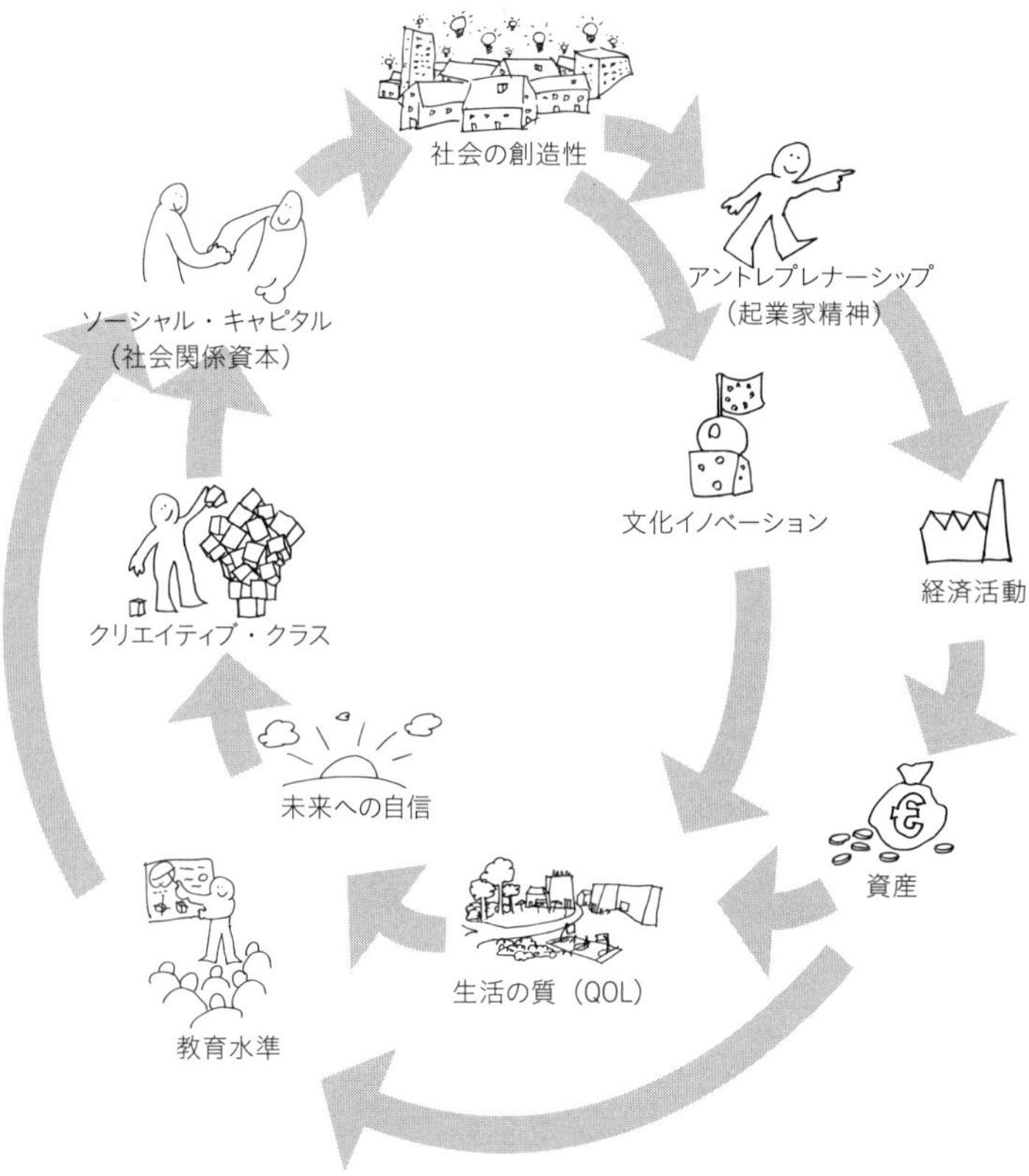

好循環の刺激

しぼんでしまった未来への自信を奮い起こしたらどうなるだろう。たとえば、新しいファシリテーション型のリーダーシップを力強く打ち出す、リンブルフのアントレプレナーに対してヨーロッパ内の新しい地域市場を開放する、などによってそれを達成できるだろう。こうすればリンブルフはすぐにもっと魅力的な地域になる。クリエイティブな若者層はこう考える。「もう少し長くここにいよう」

その後、これが功を奏して人々がリンブルフに戻ってくるまでになる。ベーカリーが村の目抜き通りに再オープンし、今では菓子パンも売っている。ベーカリーの家族が、ボランティアの助けを借りて新しい映画館を始める。そこは人々が出会い、新しいアイディアが実現する場所だ。このプロセスは新しいソーシャル・キャピタルを創出する。知識が増え、創造性が高まり、アントレプレナーシップや経済・文化活動が広がり、よみがえった自信に大きな弾みがつく。

変数

このシステムをマクロ・レベルで分析すると一〇の変数がある。未来への自信が中心的な変数である。そこから多くのことが起こる。たとえば、クリエイティブ・クラスの流入、ソーシャル・キャピタルの蓄積、社会の創造性と結果として生じる文化イノベーションやアントレプレナーシップなどである。これが投資と経済活動を生み出し、それらが生活の質（ＱＯＬ）と教育水準を改善する手段となり、それがまた未来への自信を高める。

しかし、このスパイラルは下向きになる場合もある。未来に自信をもてなくなれば、クリエイティブ・クラスが流出し、創造性とアントレプレナーシップが衰える。その結果、経済活動が縮小し、幸せを感じられなくなり、さらに未来への自信を失うという悪循環になる。

システムを見抜く――上昇か下降か

雇用市場を調べれば、〝システム〟に関する洞察がタダで手に入る。リンブルフの幸福と繁栄を動かしている隠れた歯車を見せてくれるからだ。ここで得た洞察は、より客観的な長期ビジョンに、そして最終的には、地域の繁栄のための一貫性のある戦略につながるだろう。

雇用市場には、経済（労働需要）と人口および住民（労働供給）の教育水準が含まれる。これを分析すると、新しい、広々とした展望が開け、この市場のマクロ変数がどれくらい相互に依存しているかがわかる。また、マクロ変数は相互作用のある文脈《コンテクスト》でなければ理解できないこともわかる。

そのような洞察は〝システム〟思考の産物である。これは、あるシステム――この場合はリンブルフの雇用市場――を生命体として見ることで水面下のパターンを見分ける方法である。システムはそれ自体の内的な論理と法則に従うが、外部の出来事にも影響される。システム内のすべてはつながっている。これがシステムを円滑にする場合もあれば、妨害する場合もある。

「ナイチンゲール」シナリオ・チームが行った分析から、リンブルフの雇用市場には悪循環とは言わないまでも自己強化型のサイクルがあることが判明した。たとえば、雇用市場の分裂の恐れや人口減少にのみ基づく政策などである。こうしたサイクルはシナリオや根本的なシステム・モデルで描写されている。

クリエイティブ・クラスと社会の連携

このシステム・モデルからわかるのは、イノベーションと創造性、生活の質（QOL）とソーシャル・キャピタルという〝成否の分かれ目〟を介して人口動態と経済がいかに相互につながっているかということだ。こうしたイノベーションを起こす力は、主に高学歴の若いセルフスターターがもたらす。したがって、将来この層の不足が主要問題になる。この層を引きつける地域は繁栄し、そうでない地域は辺境の地位に沈む。未来に向けた政策を実施する人なら、この層を無視するわけにはいかない。

この決定的に重要な創造性を育む要因は、知識が共有される社会構造（ソーシャル・キャピタル）と未来への自信である。自信は社会の連携なくしてありえない。人々の考えが分断され、ばらばらな状況において共通の目標が欠如していることが未来への自信を蝕んでいる。シナリオ・チームは、シナリオ・マトリックスの決め手となる二つの要因の一つとして社会的連携を選んだ。

国境を越えた統合

図2　シナリオの駆動力

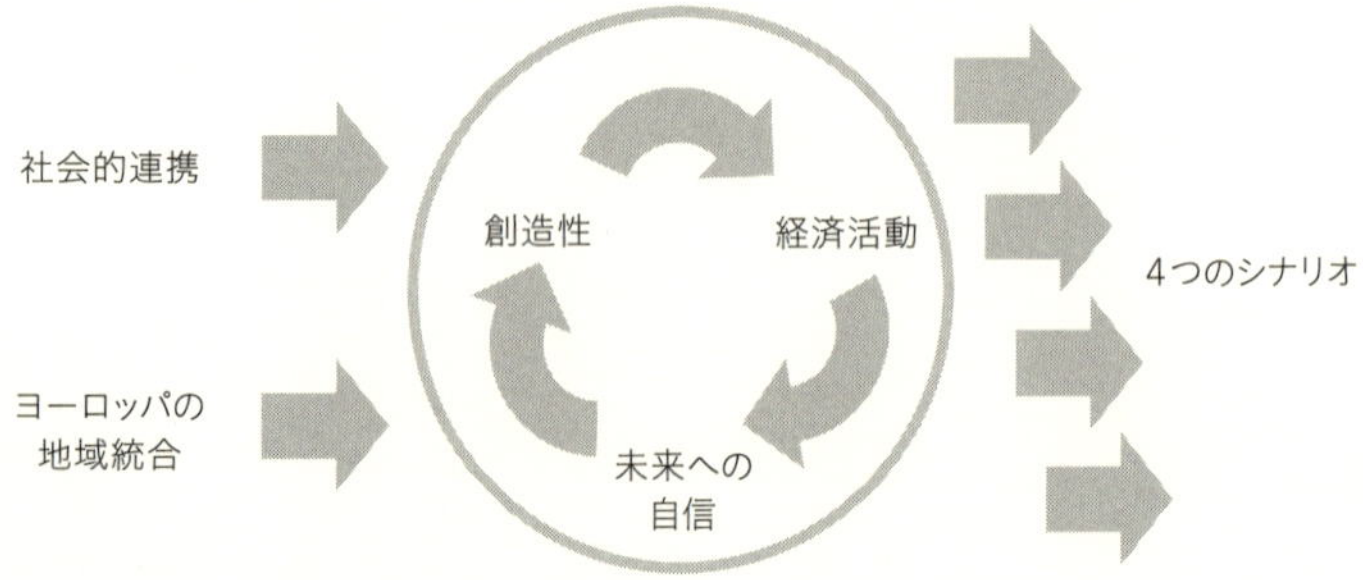

第二の次元（シナリオ・マトリックスの軸）は、地域の国境を越えた経済統合である。リンブルフの経済には生き残るために十分な規模と流動性が必要だ。国境を越えた経済統合はリンブルフの経済にとって力強い刺激になる。奇跡的な治療法と言えるくらいだが、残念ながら、奇跡的な治療法は実現が難しい……さらに、特定の経済活動がまさに国境地帯で繁栄するという点で国境は逆説的な存在でもある。ルールモントのアウトレット・センターがオランダの減税の恩恵を受けつつ、ドイツ側ではオランダ側より営業時間の制限が厳しいことからも恩恵を受けているのが一例だ。

まとめると、シナリオの焦点は次の二点に絞られた。

- ヨーロッパの地域統合と国境の開放
- 社会の結束を強め、分裂を緩和することによる社会的連携の強化

適切な介入点を探す

この二つの軸から四つのシナリオが生まれ、各シナリオで社会的連携とヨーロッパ統合の効果を探求した。シナリオを分析することで、自己強化型の相互につながった社会経済システムをより正確に理解することができた。このシステムは、外部の影響とシステム内の変数（図2参照）によって、上昇スパイラルか下降スパイラルになる。

ここで重要なのは、もし正しい介入点をピンポイントで定めることができれば、ほどほどの資産で大きな効果を生み出せるかもしれないということだ。ただし、システム全体を注視し、時期尚早に局所的な解決策に飛びつかないことが条件だ。

ルーツ

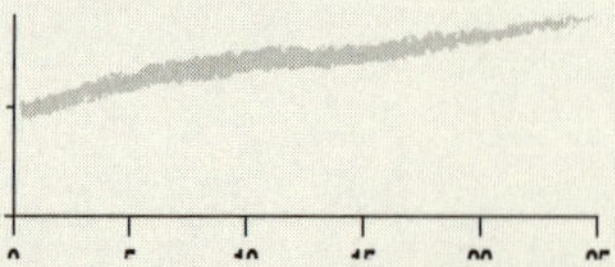

地域行政官が一丸となって共通の利益を探す。住民も協力して解決策を見つけなくてはいけない気持ちに駆られる。この新しい問題意識が少しずつ実を結びはじめる。リンブルフはだんだん**楽観**ムードを醸し出す。

すでに実施され実績ある方針が再び採用され、必要に応じて更新される。**中央のリーダーシップ**が地元で価値をもつ製品やサービスに対する小さい改善の舵とりをする。驚きやひらめきは何もないが、慣れ親しんだ堅実な路線である。

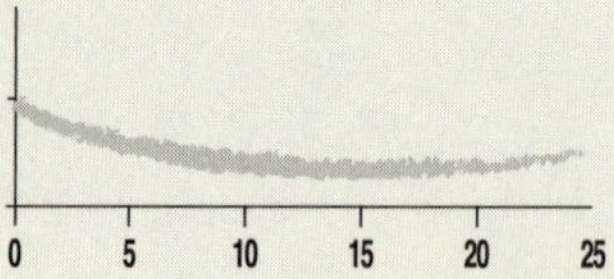

リンブルフのルーツの再発見がなされるが、生産性は犠牲になる。あらゆるレベルで職の数が減少する。市場が飽和状態にあるため投資家は遠のく。遅まきながら、新しい問題意識が実を結びはじめるが、成長には**限界**がある。

ハチの巣

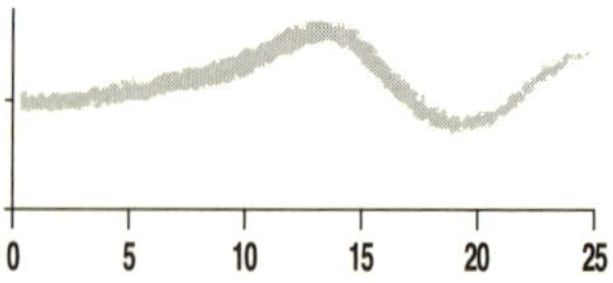

「ハチの巣」ではすべてが可能である。**熱意**に富む。ただし、地元の力が抵抗しはじめるまでは。これが自信にブレーキをかける。クリエイティブな力が再び躍進する。だが、いつまでもつか?

あらゆる種類の新しい活動が**ボトムアップ**で始動する。仮想ネットワークのおかげで容易に人とつながることのできる個人の意志力が大小のイノベーションを起こす。リンブルフは活況を呈し、これが域外のクリエイティブ・クラスを引きつける。

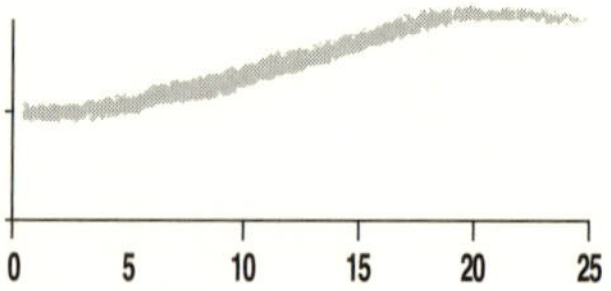

進取の気性に富んだセルフスターターが独自の仕事を創出するか、他者と手を組む。長期的には、これがリンブルフの外からセルフスターターを引きつける。市場は大きくなるが、質量ともに**ミスマッチ**も大きくなる。

	ハムスター	90度回転
未来への自信	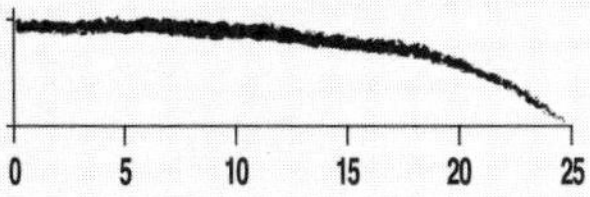 イニシアチブの氾濫にもかかわらず、ほとんど前進は見られない。結果と連携が欠けているせいで**無力感**や**あきらめ**が生まれ、未来に自信がもてなくなる。	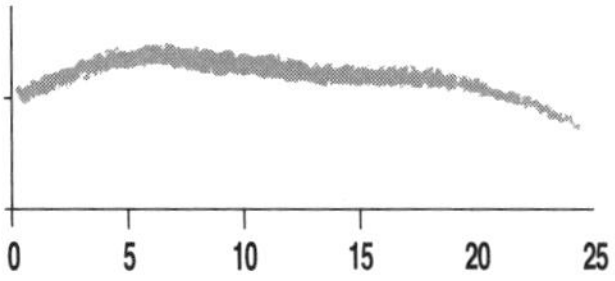 中小企業にとっての新しい市場、新しい機会が生まれる。商業的利益が支配的。しかし、**政府の不在**によって次第に自信が衰えていく。クリエイティブ・クラスが流出し、上昇スパイラルが止まる。
創造性	イノベーションは魔法の言葉。続々とプロジェクトが開始される。しかし、そのたびに部分的な解決策にしかならず、真のイノベーションは実現しない。**情熱は消え**、どんどん期待が低くなる。	国境を越えた大きな市場と競争が中小企業にとってイノベーションの刺激になる。技術面で大きな進歩はなく、短期的な**プラグマティズムと日和見主義**が顕著に。クリエイティブ・クラスがいないので真のイノベーションは実現しない。
経済と雇用市場	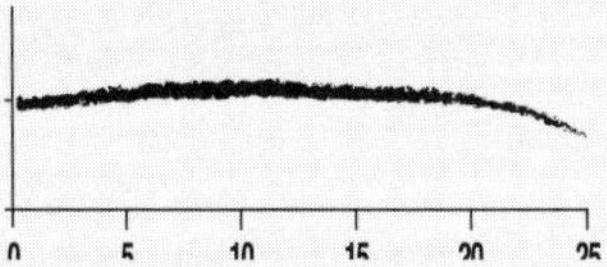 経済活動は衰退する。住民が高齢化し、高学歴の労働者が流出すれば**失業者**は減る。中小企業と地域の成長部門（保健医療など）が最大の雇用主である。	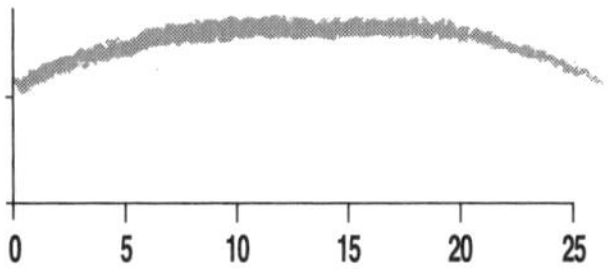 国境を越えた**規模拡大**が当初は中小企業を後押しする。生産性が向上する。学歴が低いか平均的な労働者が恩恵を受ける。しかし、それに加われない人は取り残される。将来の予測がつかないことが長期的な投資を阻み、成長が停滞する。

リンブルフの（労働）人口

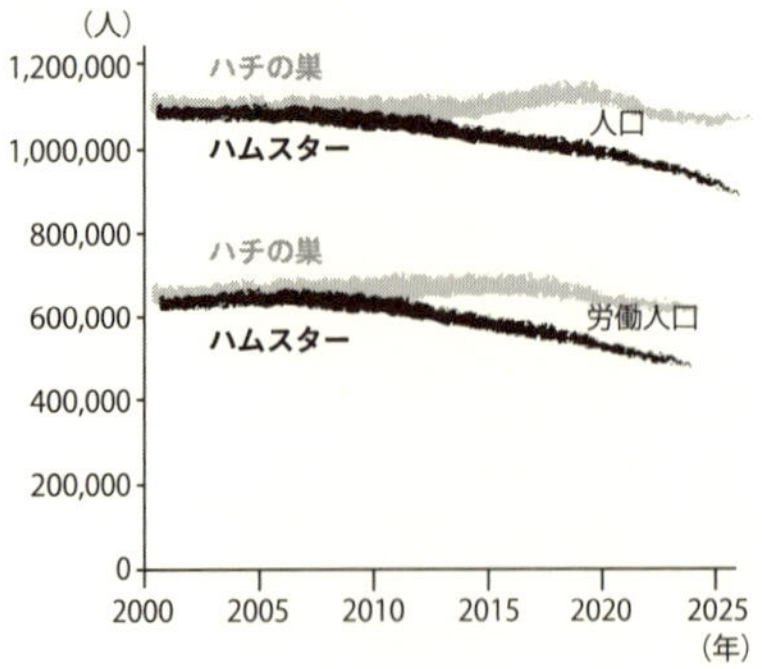

リンブルフの（労働）人口は減少している。これはすでに人口統計から予測がつく。リンブルフが高学歴の若者層の流出を食い止め、域外からもその層を引きつけられるか（「ハチの巣」シナリオ）、その対極、クリエイティブ・クラスが流出し、結果的に域外に移住していく人が増える（「ハムスター」シナリオ）かによって人口の推移が変化する。

「ハチの巣」のミスマッチ

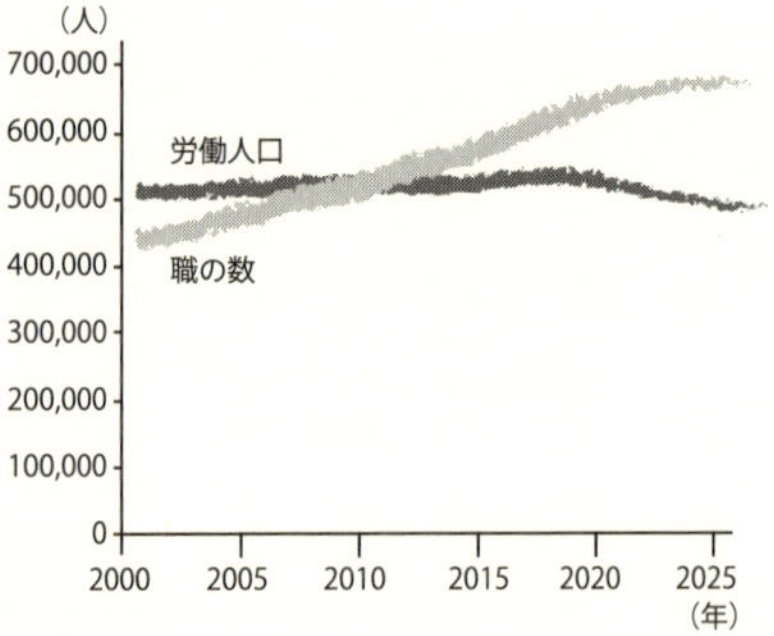

「ハチの巣」では雇用市場の緊張が次第に増大する。実際問題として、人口より職の数を多くすることは不可能である。市場は、生産性を上げるために、域外から被雇用者を引きつけるなど、打開策を見つけなければならない。

出典：CBS, Etil Progneff（改編）、HIT 財団

「クリエイティブ・クラス」が人口に占める割合

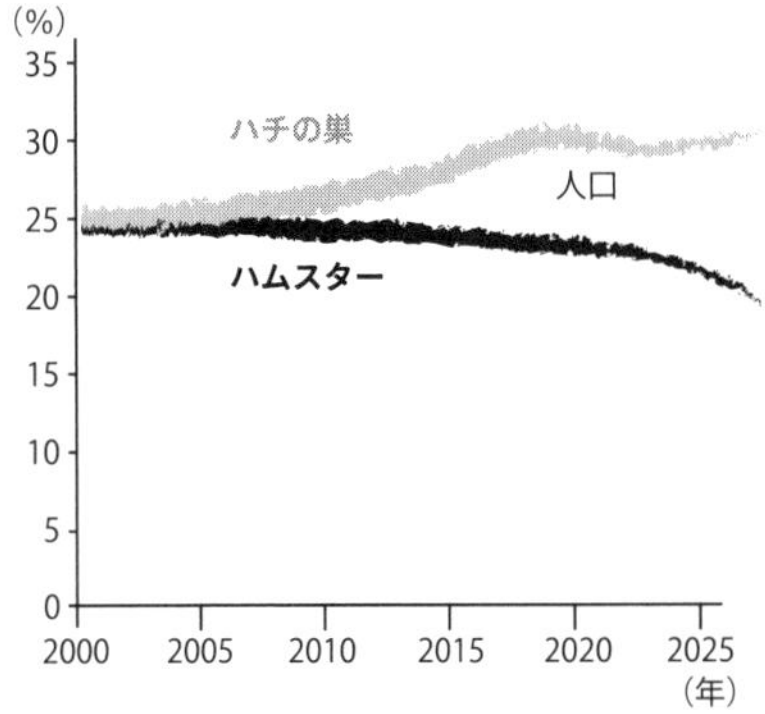

「クリエイティブ・クラス」は自己強化型ループの決定的な要因である。技術屋、デザイナー、メディア専門家、ITの達人、アーティスト、研究者、アントレプレナーがいなければ、社会は停止してしまう。これには知識ネットワークや創造的な刺激の欠如が伴う。「ハムスター」では、創造性のあるセルフスターターにとって魅力のない地域になる一方である。片や「ハチの巣」は彼らを引きつける磁石になる。

「ハムスター」のバランス

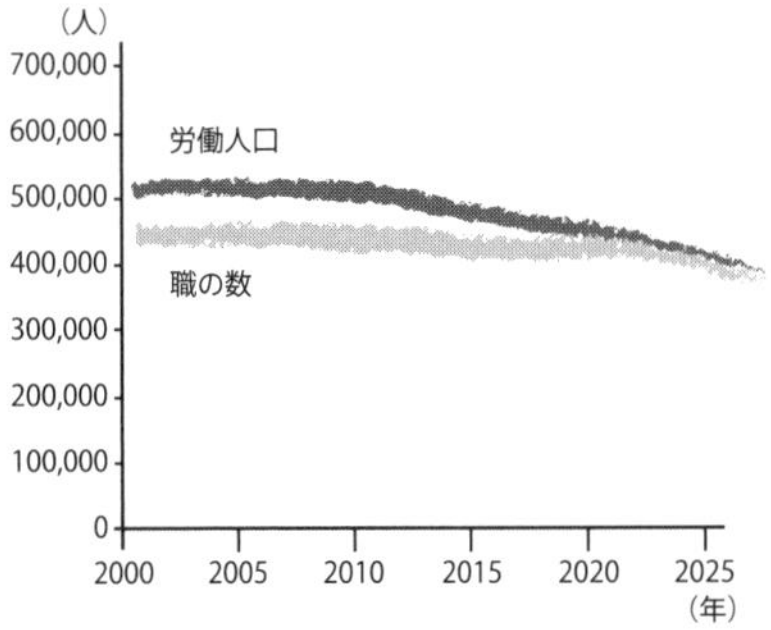

経済の停滞にもかかわらず、雇用市場における需要と供給は良好な釣り合いを保つ。活気は低下するが、急速に高齢化する労働人口を補填しなければならず、よって求職者数も減少する。雇用市場は良好なバランスを保ちつづける。

戦略的意味合い――悪循環か上向きか?

戦略上、真っ先に問うべきは、社会経済のスパイラルがどの方向に動いているか――上昇（好循環）か下降（悪循環）か? ということだ。往々にして、これはすぐには明らかにならない。システムに存在するたくさんの変数の影響が感じられるようになるまでには時間がかかることがあるからだ。人口の推移、移住、投資の影響がその例だ。さらに言えば、日常の関心事に取り紛れていると、突然、状況が悪化して危機的になるまで下降スパイラルで暮らしていることを自覚できないこともある。

答えが肯定的――「物事がうまくいっている」――なら、政策決定者としての私たちは、安全域を広げること、未来が期待したほどよくならなかったときに備えて政策のオプションを用意することに集中しなければならない。答えが否定的で下降スパイラルにはまっているなら、この傾向を逆転させるための救済策を探さなければならない。秘訣は、やみくもに一つの変数だけにとらわれるのではなく、システム全体を調べることだ。

介入

単純な介入では戦略とは言えない。戦略とはシステム全体に影響を及ぼす介入点を見つけることだ。すなわち、このボタンを押したら、エンジンルームのあちこちで何が起こるかだ。たとえば、「人口減少」問題に対して単純に反応するなら、オランダのほかのもっと人口の多い場所の住民に対してリンブルフを魅力的な場所であると売り込むかもしれない。システム全体を考えて対処するなら、リンブルフをクリエイティブ・クラスにとって魅力ある地域にするために未来への自信づくりを重視し、自信をつけるために必要な要

あらゆる政策を同じ軌道に乗せることが戦略の主要課題になる

因を検討するだろう。

分裂か協調か

リンブルフのたくさんの個人や組織がエンジンルームの違うボタンを押しているが、全員が実は同じプロジェクトに取り組んでいることに必ずしも気づいていない。ひとたびシステムの存在を認識すれば、協調の必要性に気づくだろう。個別の活動がすべてリンブルフを同じ方向に前進させることが、全員が共有する目標である。あらゆる政策を同じ軌道に乗せることが戦略の主要課題になるのだ。

月曜朝の質問――ストレス・テストと代替策

月曜日の朝、オフィスに着いたら、シナリオやシステム・モデルにどんな使い道があるだろう?

四つの未来のシナリオやモデルは、よりよい決定をして、さまざまな未来に備える目的で既存の政策をテストし、政策のオプションを用意するためにも使える。実際にはどうすればいいだろう?

ステップ1――ストレス・テスト

ストレス・テスト(健全性検査)は、金融危機後に銀行業界で生まれた概念である。さまざまな未来のシナリオを想定し、現在の政策、すなわち自治体、企業、政府機関が大きな目標を達成するために選んだ戦略が各シナリオで有効に機能するか（負荷に耐えられるか）テストする。問題は、その政策が異なる状況下でどう展開するかである。何がうまくいくか？　どんな予定外のことが起こるか？

ステップ2——もし……だったらどうする？

次のステップは、ブレーンストーミングを行って幅広い政策のオプションを用意することだ。グループ分けしてから、各グループの基本的な戦略上の方向性を描写し、必要に応じて調整する。「もし……だったらどうする？」と問うことによって、オプションはシステム・モデルに関連づけられ、さまざまなシナリオを想定したストレス・テストを再び受けることになる。

これは、戦略上の選択をするための洞察によってより充実する。また説得力のある戦略ディスカッションを実施するための基盤にもなる。何をすべきか、何をするのをやめるべきか？　何をモニターして戦略上の選択をするタイミングを知るべきか？　次のステップは何か？　どう行動を起こすか？　障壁は何か？

〝ほしい物リスト〟から効果的な政策へ——リンブルフのジレンマ

効果的な戦略を策定することは簡単な仕事ではない。組織は紙に書いた未来のビジョン、たとえば、今後二〇年でここをめざすべきという考えを、それを達成するために必要な前提条件のリストを含めてもっていることが多い。また組織の目標を達成するためのあらゆる種類のプロジェクト計画も立てているものだ。しかし、長期戦略に伴う、概して難しい選択をしなければならない戦略策定の中間ステップは紙面で約束されないことが多々ある。

どのプロジェクトも興味深く、どの計画でもメリットが出せそうだとしたら、明確な戦略上の選択が欠けているということにほかならない。戦略を立てれば選択は避けられない。その選択は、自組織を競争相手から差別化し、戦術上や経営上の決定を導く、独自の強みに基づいてなされる。難しいジレンマと選択がなかったとしたら、それは戦略ではなく単に〝ほしい物リスト〟にすぎない。

典型的なリンブルフのジレンマの例を次に示す。このジレンマに対処するには戦略アジェンダが要求される。

- 誰もがリンブルフの未来を左右する要因がどのように作用しているか理解できるような、リンブルフの**〝成功の方程式〟**をどうやって見つけるか。
- リンブルフの経済を〝離陸〟させて軌道に乗せる最も重要な刺激は、**ヨーロッパの地域市場の統合**である。これに異論のある人がいないなら、なぜこれが優先事項リストのはるか下にあるのか?
- なぜリンブルフの中小企業が国境を超えて仕事をすることはほとんどないのか? **障壁**はほんとうにあるのか、それとも怖気づいているだけで、実は国境を越えるのはたやすいことなのか? 誰がこれに取り組んでいるのか?
- なぜリンブルフの子供はもう**ドイツ語**を学ばないのか?

- **未来への自信**がリンブルフの未来の鍵を握る要素なら、なぜ私たちの地方政府はハーグの中央政府にもっと財政支援を増やしてほしいと陳情にばかり行くのか？
- なぜ住空間や学校の再開発を生活の質（ＱＯＬ）にとって有益な**未来への投資**と見るのではなく、コストのかかる事業だと見るのか？
- 行政サイドのビジョンやリーダーシップがもっとあってほしいという声が多い。だが、それはほんとうに私たちの望むことなのか？　「ハチの巣」シナリオは、政府がもっと**ファシリテーション**型の役割を果たし、住民が自分たちのしたいことを自分たちで決められるストーリーだ。
- 現在の地方自治システムは今でも適切なのか？　それとも分裂のせいで個々のプレイヤーの**個人的利益**の促進が強化されているのか？
- 自治体は互いに競い合いをつづけている。これは**もっと大きな自治体**のほうが望ましいということか？
- 競い合う自治体を抱えている州というより、論理的に結びついた一つの大きな職住エリアとしてリンブルフを考えたほうがよくはないだろうか？

- マーストリヒトは文化首都になるのか、**クリエイティブなホットスポット**になるのか？
- リンブルフの平均的な**教育**水準を根本的に**高める**ためにできることは何か？　アントレプレナーシップ、イノベーション、創造性など、どうすればクリエイティブ・クラスのスキルに重点を置いた教育にできるか？

解説

アダム・カヘンは「伝説のファシリテーター」とも呼ばれ、組織開発、ファシリテーション、社会問題の解決を志向する人たちの間で根強い人気があります。世界の中でも大きな対立や葛藤をはらむ問題に対して、戦争や暴力によらず平和的な解決を提唱し、実践を続けています。本書でも、南アフリカでのアパルトヘイト後の政権移行、グアテマラの内戦後の復興、暴力的対立で揺れ動いてきたコロンビアでの政策の進展などの事例が紹介され、問題の撲滅には長い時間を要するとはいえ、少なからず世界に認められる成果を出してきた人物です。

そのアダム・カヘンにどんな人だろうと会ってみると、まず親しみやすい人だと実感します。会話では権威をかざすことなく、気さくに話しかけ、またよくこちらのことを聴いてくれます。講演などでは早すぎず、ゆっくりすぎず、淡々としながら響くように語りかけ、会場にいる他の演者や聴衆について関心を示します。ワークショップでは、あいまいな文脈をひもとき、明確なロジックで大局を捉え、論点が順次掘り下げられて参加者の葛藤や迷いのある核心へ流れるように誘います。そこで心の琴線に触れるような問いかけを発します。悩める魂の声はすぐには出てこないことを心得て、安全なスペースと十分な時間を与えてくれます。普段はふたをして逃げている本質的な問いに対して、自ら向き合ってみようと思うような、そんな安全な場がそこに形成されています。ファシリテーションの技の極意が巧妙に積み重ねられる一方、あまりに自然体で実践されているので気になりません。

そんなアダム・カヘンの最大の魅力はその人間性にあると言えるでしょう。控えめですが自信に満ちています。静かなのに情熱を感じます。博識であることを感じますが、ひけらかすことなく謙虚に耳を傾け続けてくれます。むしろ、貪欲なほどに学ぶ姿勢、自分を磨く姿勢を崩しません。それゆえとてもオープンです。彼は講演や著作で、たびたび自分自身の失敗談を率直に語っています。しかも普通なら触れたくないような挫折を、自分の心の中の揺れと共に語るのです。

組織開発やファシリテーションの世界の多くの実践者にとって、アダム・カヘンは指導的な立場にあると言えるでしょう。指導者の重要な役割は教育者であることであり、教育者としてもっとも効果的な姿は自らが率先して学習者となって、他の学習者に範を示すことです。アダム・カヘンは間違いなく、至高の学習者と言えるでしょう。学習によって人や組織が目的や理想の実現への道を邁進することを、自分自身のあり方として体現し、示してくれます。

アダム・カヘンの著作の変遷

過去の著作にもアダム・カヘンの学習の軌跡が描かれています。第一作の『手ごわい問題は、対話で解決する――アパルトヘイトを解決に導いたファシリテーターの物語』では、政府や組織において権威、トップ、強者たちが力の行使によってものごとを変えようとしながら結果的にうまくいかないことが多い世の中で、いかに「対話」が効果的な問題解決たりうるかを示しました。対話は、問題の症状を力で抑えたり、妥協を図ったりするのではなく、問題を生み出す構造そのものについて関係者間の共通理解を築き、他者や問題との関係性を変えることによって問題の解決を図ります。デヴィッド・ボームらが築いたダイアローグの理論をベースにしながら、より実践に焦点をあてたこの本はベストセラーとなって注目されました。

アダム・カヘンや他の実践者たちの影響もあって、欧米の政府や組織において対話が脚光を浴びはじめ対話支持者が増えていきました。その一方で、対話をあたかも魔法の杖のように考え、力を否定することへの警鐘が鳴らされ、アダム・カヘンにもそうした批判の声が寄せられました。彼は、自身の失敗経験もふまえながら、そうした批判に答えるように二冊目の本を書きます。それが、『未来を変えるためにほんとうに必要なこと――最善の道を見出す技術』です。

この第二作の原題は *Power and Love* であり、効果的な変化を創り出すためには、「力」だけでもなく、「愛」だけでもなく、力と愛の両方が必要であることを訴えています。ここで言う力と愛とはパウル・ティリッヒの力と愛の定義に基づきます。すなわち、力とは「生けるものすべてが、次第に激しく、次第に広く、自己を実現しようとする衝動」を、愛とは「切り離されているものを統一しようとする衝動」を意味します。

力の行使には、自分自身の願望、ビジョンの実現に向けて、新しいものを生み出し、現実を変え、価値を実現するなどの創造的な側面があります。しかし、力にばかりに焦点をあてつづけると行き過ぎて、その退行的な側面につながります。自分、自組織、自政府が信ずることを実現しようとするあまり強制、暴力、力の濫用などに陥りがちです。組織でいえば、トップや専門家や官僚が自分の思いの実現に過度に傾くと、現場の疲弊を生み、人心を荒廃させ、主体的・自律的な思考や行動を後退させます。あきらめ、無視、反抗、見せかけの受容が組織のサバイバル原理となるでしょう。

一方、愛とその象徴的な実践という意味での対話は、互いの存在を認め、尊重することに始まり、深く相手を理解、共感することによって、ばらばらになっていた人々の心や思考を再びつなげ、共通理解や協働関係、そして新たな可能性を生み出します。それは力の行使にも劣らず大きな成果を生み出すことも可能です。しかし、対話の「つなげ、統一する」側面が行きすぎると、自己犠牲や決断の欠如がはびこり、効果的な行動にはつながりません。ここに日本でもこの数年来の「対話ブーム」にも見受けるリスクがあります。対話といいながら、耳に心地よい話をするだけの会話にとどまっていることが少なくないのです（本来の対話はそうではありません）。

この二つの行き過ぎの問題について、マーティン・ルーサー・キング・ジュニアは「愛なき力は無謀で乱用をきたすものである」「力なき愛は感傷的で実行力に乏しい」と表現しました。未来を変えるためには、まさに力と愛の両方が必要であり、アダム・カヘンはそのことを「二本の足で歩くこと」と表現して、転んだり、よろめいたりしながら歩んできた自らの足取りを振り返ります。対話でつなげたら潜在的な力を解放し、力で前進したら振り返って対話する、呼吸のようなサイクルを目指すのです。

「学習する組織」を提唱するピーター・センゲは、チームの中核的な学習能力は三脚のいすのようなものと表現します。一つの重要な能力は、志の育成能力であり、個人としての「自己マスタリー」と組織としての「共有ビジョン」を実践する能力を指します。もう一つの重要な能力は共創的な対話を展開する能力であり、個々の「メンタル・モデル」への適切な対処と組織としてダイアローグなどの「チーム学習」を実践する能力を指します。そのどちらの能力が足りなくても組織の機能は限定的にしか発揮されず、一つの脚ばかりが長いときは、ほかの脚も長くしていく必要があります。

本書の位置づけ

アダム・カヘンの書いた第三作である本書（原題 *Transformative Scenario Planning*）は、力と愛、志の育成と共創的な対話を、バランスよく行使することを踏まえながら、学習する組織の三本目の脚である「複雑性の理解」を加えた実践書と言えるでしょう。

私たちは複雑性の時代を生きています。組織が志を共有し、対話を通じてよいチームワークを築いたとしても、組織の外にある社会や市場の複雑性を理解し、的確に対処できなければ成果を上げることはかないません。組織にとっての結果は常に組織の外にあるゆえ、複雑性の理解というもう一つの脚が求められます。より大きな世界の現実を構成する構造を見抜き、その構造からどのような未来が展開しうるのか、一種の見取り図を書き上げて共有する必要があるのです。

そうした未来の見取り図を描くために、アダム・カヘンがしばしば活用してきたのが「シナリオ・プランニング」です。私たちの企業や政府を取り巻く環境は複雑なシステムであり、その複雑性の理解をすることを通じて、どのような不確実さがあるか、脆弱なポイントがどこにあるか、などを探求することができます。加えて、昨日までの強みが明日の弱みに変わったり、また、危機と思える事態が大きなチャンスに転換するなど、未来に起こることが何を意味するかは、あいまいです。あいまいな状況においてこそ、しばしば、組織の意味を構築する能力の成熟度が成否を分けます。文脈を共有する能力と行ってもよいでしょう。

アダム・カヘンがシナリオ・プランニングの薫陶を受けたシェルはこの意味を構築する力がずば抜けて高く、それを組織プロセスに埋め込むことによって過去四〇年間エネルギー業界で卓越したパフォーマンスを発揮してきました。幾度かの成功体験を経ると、ものごとを見るとき私たちの頭の中でOSのように機能するメンタル・モデル――現実を把握しその意味を捉えるさまざまな前提――が形成され、オートパイロットのように自分でも気がつかないうちに固定的なものの見方や考え方をする傾向が強くなります。しかし、シェルではこのメンタル・モデルの変容を主眼において、まだ起こっていないさまざまな未来の可能性やその意味合いを議論し、現場のマネジャーたちは「未来の記憶」を積み重ねることによって乱気流のような環境変化で迅速に適応していきました。

シナリオ・プランニングは、複雑性を理解するためのメンタル・モデルを広げる「ダブル・ループ・ラーニング*」を推進する卓越した手法です。アダム・カヘンはそれを、さらに対話と自己変容プロセスを加えることで、変容型シナリオ・プランニングというよりバランスが取れた統合的な手法へと進化させてきました。その意義は大きいといえます。

変容型シナリオ・プランニングの活用法

さて、この学習する組織の三本柱を併せ持つきわめて統合的な学習・変化創造プロセスである変容型シナリオ・プランニングをどのように活用できるでしょうか?

本書にある南アフリカ、グアテマラ、コロンビアなどの例に見るように、アダム・カヘンが実践してきた課題は国レベルのものが多いですが、実際にはいかなる規模のシステムでも活用が可能です。たとえば、行政ならば地域、都道府県、市町村など、経済・ビジネスの分野でいえば、市場、業界、企業、事業カンパニー／事業部、部門・部署、職場、チームなどの規模で適用可能です。より実用的には、ある共通項をもちうる、多様な関係者の集まる単位で探すのがよいかもしれません。地域や地域に根ざした組織を見た場合は常に同じ土地空間を共有する数多くの関係者がいます。また、たいてい組織の中には複数の事業や部門やチームがあるものです。さらに、モノやカネやエネルギーやアイディアでつながるネットワーク――行政区域を越える経済圏、サプライチェーン、物流ネットワーク、地域クラスター、M&A後の統合など――も対象になり得るでしょう。

ポイントは、実態として必ずしも目的やルールや行動を共有してはいないが、共通の目的やルールや行動をもつことによって、それぞれ単独で行動する場合よりも効果的になり得る範囲を見つけることです。本来、全体としての共有目的や共有価値観をもっているべき組織において、この共有ができていることはまれで、結果として部分最適に終わっていることがきわめて多いものです。共通の懸念や機会をもつ全体の範囲を、通常の思考で考えるときよりも一〜二レベル広げて考えたときに役立ちます。

そして本書にある最初の招集ステップというステップを乗り切れれば変容型シナリオ・プランニングの活用を始めることができます。多くの読者が招集フェーズを難しいと感じることと思い

---

* 既存のメンタル・モデルを精査し、見直して新しい考え方や行動の枠組みをつくる学習の仕方。それに対してシングル・ループ・ラーニングは、既存のメンタル・モデルに従って問題解決を図るため、前提そのものが変わる状況では効果が低い。

ます。そうした質問に対して、アダム・カヘンは、そのシステムにいるのが一〇〇～二〇〇人程度なら、そのすべての人々（あるいはシステムの多様性を代表するすべての人々）についてよく調べ、可能なら直接話を聞き、それぞれの人の意見や立場、その理由や変遷、好き嫌いなどを徹底的に調べることだと示唆します。そうすると、誰が味方をしそうか、誰が現状に満足していないのか、など行き詰まった状況を動かす兆しが見えてきます。しかるべき人たちを集めるのに近道はありません。

変容型シナリオ・プランニングをあえて分解すると、「対話 × シナリオ・プランニング × U理論」だと言えるでしょう。複合的なプロセスである変容型シナリオ・プランニングは、本書にあるように、統合的に使うこともできれば、その一部を応用することもできるでしょう。対話、シナリオ・プランニング、U理論のそれぞれの活用法については多くの参考図書がありますので詳しい解説はそれらに譲りますが、ここではそれぞれを始めたときに典型的にぶつかる課題を中心に、どのように他の分野を統合することができるかを紹介します。学習する組織の三本柱は、統合することによって大きな相乗効果を持ち得るからです。

対話プロセスを強化する

もし組織の内外で対話プロセスをすでに進めているとしたら喜ばしいことです。メンバーのそれぞれの意見やストーリーに耳を傾けることは、組織変革であれ、創造的な戦略遂行であれ、目的達成に向けての重要な第一歩だからです。しかし、対話を一回きりにしたり、あるいはやみくもに回数ばかり重ねているとしたら逆効果にもなりかねません。

直線的にすぐに考えつく解決策では解決できない複雑な問題や、たとえ論理的には正しい解決策をとっていても関わる人たちの理解や意図が異なるために行動や影響にぶれが出てくる状況などが、対話を行うきっかけとなるかもしれません。こうした問題に対して、一回の対話で結論まで出そうとすると、ものごとの意味を十分共有できずに終わってしまうことがあります。はびこりつづける複雑な問題に対して、多くの人や組織は表面的な理解で、対症療法を進めてしまっています。現在の理解や合意が意図するとおりの成果を出していないときは、しっかりと時間をとって対話をすべきときと心得ましょう。

合意や行動や結果までには時間がかかるにしても、回数を重ねながら進捗を感じられるように設計することが大事です。アダム・カヘンがこの本で示しているように、対話の進捗の道しるべとなるようなプロセス全体のデザインを心がけるとよいでしょう。変容型シナリオ・プランニングでは、まず関係者たちの理解の変容、関係性の変容、意図の変容を順次築いて最後に行動の変容を図っています。また、全体としてのデザインにおいても、個々のフェーズにおいても、どのように拡散して複雑性の理解を掘り下げ、本質に触れて、収束方向に向かうか、プロセスのデザインをします。

対話の初期段階では、対話プロセスへの信頼や動機を構築し、チームの関係性や能力を築くことをしばしば狙いとします。従って、導入の段階では、共感力を高める演習を行い、お互いのストーリーを語ったり、お互いの強みやすばらしさを発見したり、夢を語り聞きあったりすることが効果的です。参加する個人それぞれの存在を認め、ポジティブな側面に焦点をあて、あるいはリフレームすることができます。

時折、対話の誤った活用法として、お互いに耳障りなことや冷や水を浴びせるようなことは話してはいけないといったルールが用いられることがあります。もちろん、他者の存在を尊重すべきですが、ほんとうに大事なことなのにそれを言うと誰かが傷つくから話さないでおこうとするのはもっともレベルの低い対話です。本来、対話は心にあることをありのままに話すのがよいとされます。その場に、話されていることに違和感があったら、それは表明されるのが健全ですし、また、場というのはそうした違和感の表明によって深まることがしばしばです。時として、状況が適切であれば、無理にポジティブな方向に向かわず、不満や心配、懸念を話しておくのが効果的な場合もあります。アダム・カヘンは強固な器、安心して本音を語ったり、感情を表したりできる場をつくることを重視します。初期段階で設定される対話のテーマや問いは、こうした強固な器づくりの目的をかねていると見ればよいでしょう。そして、場が温まり、深まって、強固な器ができたら、いよいよ本格的に複雑で、デリケートで、困難な課題に向かうときです。

問題の核心に向かうとき、シナリオ・プランニングを組み合わせるのが本書で紹介している内容です。アダム・カヘンは難しい交渉や対立の場面では、何十ものプレイヤーがそれぞれの主張を持ち、自分の主張の全部または大部分が取り入れられることを望むが、その主張を単に組み合わせて合意を得ることは数学的にも不可能だといいます。一方、権力や権威による強制は、しばしば暴力的で乱用となるので避けるにこしたことはありません。こうした状況で力の強制なく合意をとるには、対立を乗り越えるような新しいフレーミングや解決策を見いだすことです。そして、そのためにはプレイヤーたちがそれまでとは違うレベルの思考、視座をもつことが必要になってきます。

思考や視座のレベルを変えるために、シナリオ・プランニングでは未来について語ります。しかし、ただ未来の話をしてくださいといわれると、人は大きく二通りの反応を示します。一つの反応としては、起こってほしいと考える未来、起こるべきだと考える未来について語ります。願望、夢、理想、ビジョンなどです。もう一つの反応は、起こるだろうと考える未来、こうなってしまうと恐れる未来を語ります。予測や現実・現状の延長です。いずれも、話す者のメンタル・モデルの影響が色濃く、また他者の前で話すときに自らのメンタル・モデルが意識されることは多くありません。そこで、アダム・カヘンは、微妙にずらして、メンタル・モデルの影響を受けにくい、より正確には自分自身のメンタル・モデルに気づき、検証しやすい問いに変えました。それが、何が未来に起こりうるか、という問いです。未来は世の中の不確実性という意味においても、私たちの選択次第であるという意味でも、さまざまな可能性があります。そもそも未来について複数の可能性に気づくということは、単にどのような未来が起こりうるのか合意を得るという意味を超えて、未来を多層的に、複眼的に見る能力を培うことであり、それが重要なインパクトを場に及ぼします。

シナリオ・プランニングを使わなくとも、標準的なシステム思考のプロセスを組み合わせることで思考や視座のレベルを変えることはできます。システムとは、複数の要素がつながって相互に作用する集合体です。たとえば、組織、市場、経済、社会やオペレーション、プロジェクトなどです。こうした集合体は、単なる要素の集合体ではなく、要素間の相互作用によってさまざまな複雑な営みをもちます。システム思考とは、こうした複雑性に対処するために、できごとレベルではなくパターンのレベルでものごとを観察し、そのパターンを生み出す構造が何かを見いだし、望ましくない構造があるときには構造そのものを変化させるアプローチです。

システム思考のプロセスの最初の焦点は、今何が起きているのか、過去から現在へ、そしてそのままの未来がどのようになるのか、という参照シナリオにあてます。私たちはそれぞれシステムのある部分について見える範囲、知っている範囲で見ています。それぞれの人がそれぞれの視点で体験していることを語りながら、起こっているものごとの変化や推移について指標グラフを作成したり、さまざまな要素のつながりの連鎖を表すループ図などを作成したりしていきます（付録の事例参照）。このことによって、できごとのレベルではなく、大局の流れや流れを生み出す構造のレベルに視点を移すことができるほか、話されていることを視覚的にフィードバックしてさらに思考の連鎖を引き出したり、対話に偏りがある場合には他の見逃しているポイントを考えやすくなります。

また、システム思考は何か問題があるとき、「人ではなく、構造が問題を起こしている」と考えますので、お互いを責めあうような話し合い方を避けやすくなります。また、作成したループ図などを見て検証したり、全体像をふまえた解決策を考える際にも、お互いに対峙する座り方ではなく、共に寄り添って話す座り方になりやすいのも関係性をつくる上で大いに助けになります。

外部環境シナリオの策定の精度を高める

戦略策定プロセスであれ、政策決定プロセスであれ、質の高い意思決定には、的確な外部環境分析は欠かせません。複雑に変化し、しかも変化のスピードがますます速くなっている二一世紀にあって、今の状況だけでなく、未来がどのような環境になるかの大局観がないままに、実効的な戦略や政策つくることは難しいと言えるでしょう。

今の時代を表す象徴的な言葉が、「ＶＵＣＡワールド」です。すなわち、脆弱（Vulnerable）、不確実（Uncertain）、複雑（Complex）、あいまい（Ambiguous）な世界が私たちを待ち受けています。デジタルカメラの出現でコダックが消え去ったように、ビジネスモデルが無意味化するような環境変化がいつ出てくるかわかりません。しかも、未来は読むことがことのほか難しいものとなっています。たとえば、経済格差の広がりが世界の各地で現状への不満の圧力を強める構造はありますが、それが革命につながるのか、弾圧が強化されるのか、いつ、どのような変化が起こるかは不確実です。一つの変化は、関係者にとってさまざまな作用を生み出し、プラスの効果とマイナスの効果が短長期でどのようなダイナミクスを作り出すかが複雑性を読みにくくします。そして、そこに起こった変化をどう読み解くのか、どのように行動すればよいかきわめてあいまいなのです。

このような状況下において、シナリオ・プランニング手法は世界からますます注目されていくでしょう。本書でも強調されるように、不確実な未来への最善の備えは、可能性のある複数の未来に備えることです。そして、先ほど言及した脆弱性、複雑性、あいまいさにも対処し、関係者のメンタル・モデルを広げ、更新することなのです。

複雑性への対処

シナリオ・プランニングの根幹には、前述のシステム思考がふんだんに活用されています。システム思考の原則によれば、構造が挙動をつくり出します。過去から現在、そして未来へと続く大局の流れは、その流れを作る地形の起伏や勾配から生じます。その起伏や勾配に相当する力のダイナミクスがどのように絡み合っているかに注目することで、どのような変化がどれくらい起こりうるかを見極めることが可能です。

たとえば、付録のリンブルフの事例では、シナリオを出し合った後に、それぞれの流れを説明する構造を図示化しています。これがいわゆるループ図です。ものごとの因果の連鎖がループ状になっている場合、坂道を転げ落ちるように変化が加速する自己強化型ループと、すり鉢の中のボールがあちこちに動きながらもやがて止まるように変化が収束するバランス型ループの二種類の構造があります。

リンブルフの事例では、一つの自己強化型ループが好循環の方向に変化していくケースと悪循環の方向に変化していくケースが描かれています。さらに、それぞれの変化がどのように始まり、どのように展開していくかは、他のさまざまな要素とのつながりや、ループ図には示されていないいくつものバランス型ループによって決まっていきます。

これらの構造は、どのシナリオをとっても潜在的にそこに存在しています。この山の尾根や谷間を水の流れをどのように通っていくかは、最初に雨の水滴がどこに落ちるか、分岐点のどちらを進むか、あるいは関係者たちがどのような方向に風を吹かせたり、盛り土や切り土を築いたりするか、によって異なる未来が展開しうるのです。

シナリオ・プランニングである未来が「起こりうるか」を判断するには、現実にそうした構造が存在するか、あるいは関係者たちが状況変化に対してどのように対応しようとして、また、その対応に必要な資源を有するか、などを見ればよいわけです。

国際的に、戦略・政策決定の分析で標準的に使われているのがＤＳＲ分析です。Ｄは駆動力（Driving Force）、Ｓは状況（State）、Ｒは関係者の対応（Response）を指します。駆動力とは変化を作り出す起点と見なされる要因です。そして駆動力（Ｄ）によって状況（Ｓ）が変化し、関係者たちが何らかの対応（Ｒ）をとるという分析枠組です。

駆動力はしばしば派生してシステムのあちこちへの変化を生み出し、そのエンジンにはしばしば自己強化型ループが存在します。たとえば、借金をしてつくられるマネーは、利息分を含めて返済するためさらなるマネーを生み出そうとします。工業資本は、生産能力の拡大によって消費財だけでなくさらなる工業資本を生み出します。発展後期の先進国や中国などを除き、人口増加もまたさらなる人口増加につながります。他にも裕福さの追求、グローバル化や技術の進化など、自己強化型ループの一部として変化を作り続ける要因が数多くあります。

しかし、どんな自己強化型ループも永遠に変化を続けるわけではなく、どこかで資源制約、効率逓減、不利益を被る者の抵抗などのバランス型ループによって収束します。状況の変化は一方向にだけ動くとは限りません（付録の事例のグラフが示すように）。

また、こうした変化が一部の関係者にとっては有益であり、また一部の関係者にとっては不利益となり、そしてほかの関係者にとっては益も害も及ぼさない場合もあるでしょう。状況変化の恩恵を受ける者はどのように対応するだろうか（さらに状況が有利になる変化を求めるのか、あるいは恩恵を分け与えたり、十分として止めるのか）、不利益を被る者はどのように対応するだろうか

（状況変化を元に戻そうとするか、状況変化を受け入れるか、益を得た者を責め、分け前を要求するか、など）、さまざまな対応の可能性があり、またその対応の実現にはある一定のパワーや資源へのアクセスを必要とします。また、関係者たちには駆動力、状況、影響などに関する情報が一様に共通されているとは限らず、こうした情報のフィードバックの有無やその分布、スピード、正確さなどもまた、システムの複雑なダイナミクスを生み出す大きな原因となっています。

こうした複雑性を生み出す構造を理解することによって、望ましい変化を作り出すレバレッジを見つけ出すことが可能です。つまり、どのように相互作用の構造、それに関連するヒト・モノ・カネ・情報の流れと蓄積、そして組織や社会の共有する目的・価値観・ルール・賞罰などを変化させればよいかを見いだすことができるのです。

もし、そうした構造変化が単独あるいは協働で難しい場合には、備えを築くにかぎります。もしある事象が起こったとしてもその影響を最小限にするような構造や対処能力を築きます。その際、とりわけ重要なのは、そうした起こりうる変化が現実になろうかとしている予兆、先行指標を見つけ出し、モニターすることだと言えるでしょう。

あいまいさへの対処

世の中の多くのものごとはあいまいであり、また、それを語る私たちの言葉もあいまいです。

あいまいさとは、その意味合いやとるべき行動について複数のとらえ方があって、その違いが共有されていない状態を指します。

チャンスに乗じてつまづくこともあれば、リスクが起死回生のチャンスに変わることもあります。昨日までの強みが弱みに転じたり、あるいは弱みが周回遅れで強みになったりすることもあります。どんなに押しても動かないのに、引いてみたらあっさり動いたりします。急ごうとすると遅くなるのに、ゆっくり進むと早くたどり着けることが多々あります。

時間を追って変わるダイナミックな複雑性だけでなく、社会的な複雑性もあります。同じ輪の回転を見る人でも、上から見るか、下から見るか、あるいは左から見るか下から見るかによって回転の向きが変わります（中には、回転に見えない人もいるでしょう）。価値観は多様でさまざまです。

たいていのものごとの影響は、よい作用もあれば悪い作用もあり、そして、何が望ましくて何が望ましくないかは、関係者の立場や利害、資源や能力の状況によって変わります。まして、私たち人類が歴史上経験をしたこともないような人口拡大、グローバル化やつながりの複雑化、人間のガバナンス能力成長のスピードを超える科学技術の発達スピードなど、これらをどのように捉えればよいのか、その意味を明確に理解するのは困難です。

そして多くの場合、私たちはあいまいさをやり過ごし、そして今までと同じ行動パターンを繰り返します。押しても動かないとわかれば、さらに強く押すように。しかし、どこまで強く押せばよいのでしょうか？「もっと、もっと」を繰り返して果たして効果的な解決策に行き着くのでしょうか？　よもや、解決ができたとしてもそのために必要な資源や代償はえてして大きくなりがちです。

こうしたあいまいさの原因は、文脈の違いです。したがって、あいまいさに対処する方法の一つは、立ち止まって、じっくりとその文脈について考えることです。水を足しても水位が増えないとしたらどこかで水が漏れているということでしょう。押して動かないということは、自らの作用を打ち消す反作用があるということです。こうした構造に気がついたら、考えてみる。なぜ水が漏れるのか？　なぜ反作用が起こるのか？　押し返す人たちは誰なのか？　なぜその人たちは押し返すのか？　自分はなぜ押し続けるのか？

あいまいさを明確にするもう一つの方法は、あいまいさを通じてつながる人たちと対話してその文脈をじっくりと理解することです。押すと押し返される、あるいは、押されるので押し戻すといった状況はなぜ起きているのだろうか？　ある変化を望まないとしたらそれは何を変えたくないと望むからだろうか？　言葉の意味はあいまいです。自分自身の知っていることや考え方だけで意味を推そうとしても自ずと限界があります。他者が語ることについて、内にある判断の声を脇において聴き、また自ら語ることは決めつけず仮説として呈示して、その意味を精査する必要があるのです。

変容型シナリオ・プランニングのプロセスではほぼ全面的に対話を活用します。そして、対話のもっとも重要な基本ルールは自らのメンタル・モデルを保留することです。あいまいさの中に、対話を通じて共通の目的、ビジョン、ルールなどが設けられれば一灯の光が隅々を照らします。あいまいさは、自らの見る視野や視点が偏り、全体性を理解していないことの表れなのです。そして、あいまいな状況での共通理解はしばしば大きな変化を生み出す源となるでしょう。

脆弱性への対処

企業にしても、自治体にしても、事業継続は今後多くの組織が向き合う重要な課題です。過去から現在、そして未来への流れをつくる構造の中に潜む脆弱性の発見には、リンブルフの事例に見られるように、「もし……したら」（What if）分析やストレステストなどを行うのがよいでしょう。その際に重要なポイントは、「どんな事象がどれくらいの確率で起こるか」「その事象がどのような影響を与えうるか」だけでなく、それが起こったときに、自組織及びそのネットワークの範囲内に「どのような対処能力を有しているか」について徹底的に精査することです。

このような対処能力は一般的に「レジリエンス」と呼ばれ、そのシステムがそのアイデンティティや基本機能を失うことなく、外部からの衝撃に耐え、再起し、あるいは新しい環境に適応して変化する能力が試されます。レジリエンスは、鋳鉄のように固いが外からのある種の衝撃には脆い強さではなく、竹のようなしなやかな強さです。また、短期的な効率とトレードオフになることが多く、効率追求のために標準化、画一化を進めることによって多様性や冗長性をなくしてレジリエンスが弱まることがあります。アナログカメラがデジタルカメラへ、旧型の携帯電話からスマートフォンへといった衝撃的な変化が環境で起こった際には、そこまで積み上げた効率追求は無意味となり、まったく異なる対応が必要になります。

そうした観点から深刻な脆弱性をもつ分野では、状況変化への対応の多様性、何か一つのことがうまくいかなくても重複して機能する冗長性、できるだけ低い資源量で稼働可能な資源効率、他からの協力を得るネットワーク性、いざというときには切り離して独立で動けるモジュール性、あるいはこうした意思決定を適切に行えるガバナンス構造、などがレジリエンス能力を左右する要因となります。

ありきたりの環境シナリオを脱する

演繹法でシナリオをつくる場合には不確実なことを列挙しその中で確率が五分五分で、起こったときの影響が大きいものを二軸に選びます。その二軸から2×2のマトリックスをつくってシナリオを策定します。この際、たとえば、「GDPの成長率が高い／低い」「潜在市場規模が大きい／小さい」「市場成長率が高い／低い」など、論理的に戦略展開を分けるのは自明ではありますが、その原因や影響連鎖の掘り下げ方が甘いときわめて退屈な、少し考えればわかる程度のシナリオしかできないことがあります。ありきたりのシナリオでは、シナリオ・プランニングの本来の目的であるシナリオ作成者及び利用者のメンタル・モデルを広げることは難しいと言えるでしょう。

こうした場合、二つ対処法があります。一つは、不確実なこととして列挙した要素の組み合わせを仮においてシナリオの骨格を作るプロセスを何度も何度も試みることです。そして、試行錯誤の中で自分たちが一番はっとするような組み合わせを選ぶのです。そうすることによって自分たちの思考に挑むようなシナリオを探し出すことができるでしょう。

もう一つの対処法は、演繹法をやめて、帰納法でシナリオを作ってみることです。帰納法は、本書で紹介するとおり、「たくさんのシナリオ候補をブレインストーミングすることから始め、次にシナリオを分類してブレインストーミングを繰り返し、二～四つの最も有益なシナリオを選」びます。実際、アダム・カヘンはほぼすべての実践で帰納法を使っています（本書で紹介する演繹法は二事例だけに過ぎません）。

帰納法の最大のメリットはその創造性にあります。多様な参加者たちから、それぞれの人の感性で未来に起こりうるシナリオを語り、それを整理していくと、一人ひとりが考えたのでは思いつかないような広がり、違い、意外なことが見えやすくなります。

私たちはものごとの認識は合理的・分析的に考えることで得られると考える傾向があります。確かにもっともわかりやすく説明しやすい知識の獲得法です。しかし、実際私たちが知識を得る方法はほかにもあります。システム思考は全体やつながりを見て認識する手法です。「パターン認識」は、雑多な数多くの情報から意味をもつ対象を選別する私たちの脳の能力ですが、論理的になぜ選んだかを簡単には説明できません。「直観」は熟知した分野で論理を仲介せず直接かつ即時に認識をする方法であり、その道の名人、達人と言われる人たちが行っていることです。アダム・カヘンはこのすべてを活用します。

人間の知識獲得の幅はきわめて広いですが、合理性だけに頼る方法論は現在持っている知識の範囲を超えて認識したり、あるいは状況変化の意味合いを理解することが苦手です。そこで頭で考えずに、手や体を使って、レゴブロックや粘土、紙細工、ブリコラージュなどのさまざまな方法でオブジェクトを作り出し、できた後からなぜそれを創り出したのかを問いかけたり、対話したりすると実に豊かな知識を得ることが可能になります。ストーリーもまたしかりです。安全な器の中で起こりうるストーリーを自らの感性や直観で語ったとき、合理性ではいきつかない領域に私たちを誘う可能性があるのです。

U理論によるプロセスをマルチ・ステークホルダーに広げる

U理論ないしUプロセスは、組織開発や組織学習の中で深遠な変化、変容を生み出すプロセスとして注目されている手法体系です。三つの基本フェーズをもちます。

- **感知**……判断を保留して現実をありのままに観察し、自身のメンタル・モデルを深く探求する（Uの左側）
- **プレゼンシング***……感知したことを自らの存在意義やビジョンと結びつける（Uの底）
- **具現化**……ビジョンを実現するプロトタイプを迅速に作り上げ、フィードバックを集めてさらに学習し進化させる（Uの右側）

オットー・シャーマーやジョセフ・ジャウォースキーらと共にこのUプロセスを開発したのが、ほかならぬアダム・カヘンです。そして、U理論を活用した事例の中でもっとも社会に大きな影響を与えたものとして注目される「サステナブル・フード・ラボ（SFL）」プロジェクトの共同リーダーでもありました。SFLは、食料システムの脆弱性、持続可能性を懸念する企業、NGO、農業団体、政府、シンクタンク、財団などのマルチ・ステークホルダー（多様な利害関係者の集まり）が結成したコンソーシアムであり、そのメンバーとなる企業やNGOから数々の食料持続可能性につながるプロジェクトとその成果が生み出されています。このときの経験から、アダム・カヘンは「チェンジ・ラボ」や「ソーシャル・ラボ」と名付けたUプロセスによる変容ワークショップを世界の各地で展開しています。

SFLではシナリオ・プランニングの代わりにシステム思考の通常のモデリングや対話が使われたので、この事例は本書には取り上げられていません。しかしながら、変容型シナリオ・プランニングはまさにこのUプロセスを対話とシナリオ・プランニングに掛け合わせて理論構築した手法といってよいでしょう。

　しかるべき学習の場が作られれば、人は一人よりも集団での方が効果的に学べます。アダム・カヘンはUプロセスを集団学習の方法として取り入れ、未来の複数のシナリオという具体的な成果物を作る協働作業を行う過程で、Uの左側の共感知を進めます。メンタル・モデルを保留しながら、システムの全体像についてあらゆる方法で観察するのです。自らのものの見方に束縛されない、ありのままの全体像を集団で見るという行為を通じて、参加者たちの新たな共通理解と共通関係が培われます。

　このような新しい理解と関係のもと、参加者たちはUの底の共プレゼンシングにあたるシナリオの活用ステップに入ります。そこで、自らの新しい意図に目覚め、また、集団でそれが起ると共通意図、つまり共通の目的やビジョンが形成されるのです。このプロセスはとてもデリケートです。私たちの心や魂は強要を嫌うためです。繊細に設計された場とプロセスによって、私たちの魂は自ら意図を形成することを選びます。そこに、お互いを尊重し、耳を傾け合い、心にあることを話せる、安心できる仲間がいるとき、私たちは自分自身の魂の声を聴きやすくなるのです。

＊「今（present）」と「感じる（sense; sensing）」を組み合わた造語。

そしてUの右側のプロセスが共通行動に相当します。もっとも実施に移しやすいのが、策定したシナリオの拡散ないし種まきです。シナリオが示すのは、予測でもビジョンでもない、未来に何が起こりうるかの複数のストーリーです。おそらく多くの参加者たちが当初そうであるように、多くの人々は一つのストーリーに縛られています。そのストーリーへの固執が、しばしば構造化して繰り返し起こる現実を生み出します。悲観的なストーリーならばしばしば自己達成予言となるでしょうし、楽観的だがシステムの現実にそぐわないストーリーならば、他の可能性に目を閉ざし、他者と協働することがありえなくなります。世界の現実はその中で無力に見える私たちに影響を与え、無力の中で考える私たちの相互作用が世界の現実を生み出しているのです。

こうした構造の虜になっている私たちに必要なことは、新しいストーリーを語ることです。シナリオにどっぷりと浸ってみることで、新しい可能性に目を向け、違う自分やその可能性を見いだすことの手助けをします。シナリオの策定に加わった多様な、影響力のある参加者によるシナリオの紹介、説明、討論、対話は、参加者たちの間で起こったプロセスを早送りでもっと大量に再現する有用な手段と言えるでしょう。

協働によって構造へ働きかける

もし可能ならば、マルチ・ステークホルダー・チームの参加者たちが協働でシステム構造の変化のために働きかけられると、より実効的な変化が起こりやすくなります。

シナリオが扱うのは外的環境、つまり自己や自組織の外にある領域です。外部環境の多く（たとえばグローバル化やインターネットによるコネクティビティの増大）は、働きかける対象すら特定しにくいですが、相手を顧客や競合や取引先など特定できる場合でも、直接影響力の及ぶ範囲は限定的で、単独の行動で変化を創り出そうとするのは難しく、また、無理に押し進めると強者の論理での暴力や乱用につながりやすくなります。だからこそ、適応型シナリオ・プランニングでは、複数の起こりうるシナリオにある外的環境を受け入れ、それに備えたり、いち早く察知することに焦点が置かれます。

マルチステークホルダー・プロセスの潜在的なメリットの一つは、この単独では限定される直接影響力の範囲を、共通意図をもった関係者を増やすことで広げることにあります。協働、つまり、システム構造への働きかけを多数の参加者が同期・同調して実施するのです。政府や国民への働きかけを共同で実施する場合もあれば、それぞれの立場や持ち場で、共通意図に基づくそれぞれの行動を展開する場合もあるでしょう。

昨今の社会経済の中でシステムが肥大化して、解決できないで残る問題の多くはシステム的な問題となっており、単独の組織では直接的な働きかけがほぼできない状況になっています。望ましいシステムへの変化を創造するのにもっと有効な方法は、「私たち」と言える仲間を増やすことです。複雑な問題へあたるには、同質の仲間を増やすよりも異質の仲間をつくるほうが効果的です。しかし、それはより難しい作業でもあります。文脈の違いゆえに、理解も関係も意図も異なるからです。

アダム・カヘンの提唱する変容型シナリオ・プランニングは、Uプロセスを用いてこの難しい作業にとりかかります。共通の懸念をもったマルチ・ステークホルダーたちが安心できる強固な器の中で、お互いにメンタル・モデルを保留し、文脈や仮説を共有し、あくことなく全体像を追い求めて私たちの理解を広げ、関係性を築きます。それぞれがもつ心のジレンマと向き合い、魂と向き合って行う自己選択を支えて共通の意図を築きます。そして、新しい意図に基づいて迅速に意図の具現化を図るのです。

こうしたU理論によるマルチ・ステークホルダー・プロセスは、SFLがそうであったように、シナリオ・プランニングでなくとも実行可能です。共通の悩みや不安、懸念事項に関する対話でもよいですし、問題構造の全体像や根本をさぐるシステム思考のプロセスでもよいでしょう。初期の関係性の構築をふまえながらも、そのもっと奥底にある、ものごとの本質や人としての原点など、心の琴線にふれるような対話がそれぞれの自己変容をもって社会変容を促します。それぞれが真にコミットメントできる共有ビジョンと政策・戦略などの共通行動をつくることが求められているのです。

あなたはどんな変化を創造したいだろうか?

おそらくこの本を手にしたあなたは、何らかの変化を求めていることと思われます。あなた自身は、何を、どのように変えたいと思っているでしょうか?

よく「世界を変えたい」と言う人に対して、「そんなことはできるわけはない」「不遜だ」といった批評が聴かれます。もっともな批評です。もしそれが七〇億人以上の世界全体を変えようとしているなら、どんなに優れた人が一生涯で取り組んでも実現はかなわないでしょう。

しかし、私たちが世界を変えたいと言うときの〝世界〟とは何も地球上のすべての国々や人々を指さなくともよいでしょう。世界という現実はどこにでもあります。家族にも、職場にも、学校にも、ご近所にも。何もグローバルな企業やNGOで働いて国際的に活躍する人たちが世界を変えるわけではありません。私たちの誰もが、私たちの周りの世界について、このままではいけない、周りの人たちのことをもっとよくしたいという願望にかられ、そして変化のプロセスを適切に踏めば、実現可能だと思うのです。

そして、七〇億人の変化を起こそうとするなら、一億人の変容を助ける七〇人の指導者を待つよりも、周囲の一〇人の変容を助ける七億人の普通の、しかし、思いを形にしたいと思う変化の担い手たちがいればよいのです。実際、一億人を導く指導者さえも、そうした普通の変化の担い手たちの存在抜きには目的を達成し得ないでしょう。

本書には、アダム・カヘンが実際に関わった事例が数多く紹介され、そのほとんどが国家レベルのものです。そこには、多くの対立や平行線、力による押しつけや抵抗が見られます。中には私たち日本人の日常からは想像できないような壮絶な問題をはらむものもあります。

私たちに身近な周囲の世界を見渡したとき、構造的に見たならば同じような問題ある状況は起こっていないでしょうか？　一〇人の周囲の人々たちとうまくいっているとしたら、一〇〇人の集団ではどうでしょうか？　一〇〇〇人では？　一〇〇万人では？　きっとどこかのレベルで、深刻な対立や平行線の現実があるのではないでしょうか。

もし行き詰まりの状況が見られるとしたら、多くの場合、それぞれの集団がそれぞれのメンタル・モデルで、それぞれの世界を見て、それぞれのストーリーを語っています。そして、それらを合わせたシステムという現実がしばしば望ましくない構造をつくり、結果が芳しくないために、関係性は悪化し、そして思考はますます限定的になって、効果的な行動がとられないために望ましくない構造を強化してしまうのです。

どのようにして、そうした行き詰まりの状況を打破できるかが本書のテーマです。行き詰まり状況の中で、どのように人々が現実に変容し、そして共に構築する世界が変化していったかのストーリーが多く描かれています。また、そうした変容を促すために、どのように場やプロセスを設計すべきか、アダム・カヘンは簡潔に、的確にポイントを教えてくれます。

マルチ・ステークホルダーを集め、数ヶ月にわたって一〇〜二〇日間の日数を要する変容型シナリオ・プランニングを実施することはもちろん、忙しい周囲の人たちに二時間×四回のワークショップを実施することすら簡単にできることではありません。

しかし、アダム・カヘンが二〇年余の経験で蓄積し、洗練していった手法モジュールの一つ一つは、組織の中で行われる中期計画や年度計画の策定、プロジェクトや投資の企画・見直し、組織のビジョン構築や変革プログラムなどに応用できるでしょう。そして、対話やシステム思考やU理論の基本動作を、職場での日常の会議、家庭や近所の人たちとの会話に応用するだけでも、新しい理解や関係性を築くことが可能です。むしろ、そうした日常の中に変化をつくる実績を積むことが、より大きな変化のための取り組みを実現する上での地盤固めにもなるでしょう。

アダム・カヘンの書いた本書に紹介される変容型シナリオ・プランニングに埋め込まれたさまざまな技法と、そして、彼のチェンジ・ファシリテーターとしてのあり方そのものが、この本をとってくださった皆様が望む変化の創造のためにお役に立てることを心から願っています。

小田理一郎

二〇一四年八月四日

Sunter, Clem."The Icarus Scenario." news24.com, January 20,2010.
——. *The World and South Africa in the1990s.* Cape Town, South Africa: Tafelberg, 1987.
Tibbs, Hardin. "Pierre Wack: A Remarkable Source of Insight." *Netview* 9 (1998).
Tillich, Paul. *Love, Power, and Justice: Ontological Analyses and Ethical Applications.* NewYork: Oxford University Press, 1954. 『ティリッヒ著作集 第9巻 存在と意味』(大木英夫訳，白水社，1978年）に収録の「愛・力・正義」
Van der Heijden, Kees. *Scenarios: The Art of Strategic Conversation.* Chichester, West Sussex, England: John Wiley & Sons,1996) キース・ヴァン・デル・ハイデン『シナリオ・プランニング――戦略的思考と意思決定』(西村行功訳，グロービス監訳，ダイヤモンド社，1998年）
Van der Heijden, Kees, Ron Bradfield, George Burt, George Cairns, and George Wright. *The Sixth Sense: Accelerating Organizational Learning with Scenarios.* Chichester, West Sussex, England: John Wiley & Sons, 2002. キース・ヴァン・デル・ハイデン，ロン・ブラッドフィールド，ジョージ・バート，ジョージ・ケアンズ，ジョージ・ライト『入門シナリオ・プランニング――ゼロベース発想の意思決定ツール』(西村行功訳，ダイヤモンド社，2003年).
Wack, Pierre. "Scenarios: Shooting the Rapids" *Harvard Business Review* 63, no. 6 (1985).
——. "Scenarios: Uncharted Waters Ahead." *Harvard Business Review* 63, no. 5 (1985).
Wilkinson, Angela, and Esther Eidenow. "Evolving Practices in Environmental Scenarios: A New Scenario Typology." *Environmental Research Letters* 3 (2008).
Wilkinson, Angela, and Roland Kupers. *Re-perceiving Scenarios: The Evolution of the Gentle Art in Shell 1965-2010.* Edited by Betty Sue Flowers (forthcoming in 2012).
Wilkinson, Lawrence. "How to Build Scenarios." *Wired* (September 1995).
Zalzberg, Ofer. *EU Partnership for Peace—Israeli Track.* London: Oxford Research Group, 2009.

Boston: Paulist Press, 2008.

Ogilvy, James A. *Creating Better Futures: Scenario Planning as a Tool for a Better Tomorrow.* New York: Oxford University Press, 2002.

Ramirez, Rafael, John W. Selsky, and Kees van der Heijden,eds. *Business Planning for Turbulent Times: New Methods for Applying Scenarios.* London: Routledge, 2010.

Ramphele, Mamphela, et al. *The Dinokeng Scenarios: Three Futures for South Africa.* Johannesburg, SouthAfrica: Dinokeng Scenarios, 2009.

Rettberg, Angelika. *Destino Colombia: Cronica y evaluacion de un ejercicio de participacion de lideres de la sociedad civil en el diseno de escenarios futuros* ［デスティノ・コロンビア――市民社会のリーダーたちによる未来シナリオの設計演習の記録と評価］(Bogota, Colombia: Ediciones Uniandes, 2006);

Roque, Paula Cristina, and Paul-Simon Handy. *Sudan Scenarios to Strategies Workshop.* Pretoria, South Africa: Institute for Security Studies, 2010.

Santos, Juan Manuel. "Palabras del Presidente Juan Manuel Santos en la presentacion del libro *Poder y Amor* de Adam Kahane" ［カヘン『Power and Love』出版発表に際してのフアン・マヌエル・サントス大統領のスピーチ］. Bogota, Colombia, February 21, 2012.

——. "Presentacion" [Presentation], In Adam Kahane, *Poder y Amor: Teoria y Practica para el Cambio Social* [Power and Love: A Theory and Practice of Social Change]. (La Paz, Bolivia: Plural, 2011).

Scearce, Diana,and Katherine Fulton. *What If?: The Art of Scenario Thinking for Nonprofits.* San Francisco: Global Business Network,2004.

Scharmer, Otto. *Theory U: Leading from the Future as It Emerges.* San Francisco: Berrett-Koehler Publishers, 2009.　C・オットー・シャーマー『U 理論――過去や偏見にとらわれず、本当に必要な「変化」を生み出す技術』(中土井僚，由佐美加子訳，英治出版，2010 年)

Schwartz, Peter, *The Art of the Long View: Planning for the Future in an Uncertain World.* New York: Currency, 1996.　ピーター・シュワルツ『シナリオ・プランニングの技法』(垰本一雄，池田啓宏訳，東洋経済新報社，2000 年)

Segal, Nick. *Breaking the Mould: The Role of Scenarios in Shaping South Africa's Future.* Stellenbosch, South Africa: Sun Press, 2007.

Senge, Peter, Otto Scharmer, Joseph Jaworski, and Betty Sue Flowers. *Presence: Human Purpose and the Field of the Future.* New York: Broadway Business,2008.　ピーター・センゲ，C・オットー・シャーマー，ジョセフ・ジャウォースキー，ベティー・スー・フラワーズ『出現する未来』(野中郁次郎監訳，高遠裕子訳，講談社，2006 年)

Stookey, Crane Wood. *Keep Your People in the Boat: Workforce Engagement Lessons from the Sea.* Halifax, Nova Scotia: ALIA Press, 2012.

参考文献

Bentham, Jeremy B., et al. *Scenarios: An Explorer's Guide*. The Hague: Shell International, 2008.

Carvajal, Manuel Jose, et al. "Destino Colombia: A Scenario-Planning Process for the New Millennium." *Deeper News* 9, no. 1 (1998).

Chermack, Thomas. *Scenario Planning in Organizations: How to Create, Use, and Assess Scenarios*. San Francisco: Berrett-Koehler Publishers, 2011.

Diez Pinto, Elena, et al. *Los Escenarios del Futuro*［未来のシナリオ］. Guatemala City, Guatemala: Vision Guatemala,1999.

Heinzen, Barbara. *Feeling for Stones: Learning and Invention When Facing the Unknown*. London: Barbara Heinzen, 2006.

——. *How Do SocietiesLearn?* London: Barbara Heinzen, 2009.

——, ed. *Surviving Uncertainty*. Society for International Development. *Development* 47, no. 4 (2004).

Ilbury, Chantell, and Clem Sunter. *Mind of a Fox: Scenario Planning in Action*. Cape Town, South Africa: Human & Rousseau, 2001.

Kahane, Adam. *Power and Love: A Theory and Practice of Social Change*. San Francisco: Berrett-Koehler Publishers, 2009. アダム・カヘン『未来を変えるためにほんとうに必要なこと――最善の道を見出す技術』（由佐美加子監訳，東出顕子訳，英治出版，2010 年）

——. *Solving Tough Problems: An Open Way of Talking, Listening, and Creating New Realities*. San Francisco: Berrett-Koehler Publishers, 2004. 同『手ごわい問題は対話で解決する――アパルトヘイトを解決に導いたファシリテーターの物語』（株式会社ヒューマンバリュー訳，株式会社ヒューマンバリュー，2008 年）

Kaufer, Katrin, Glennifer Gillespie, Elena Diez Pinto, and Alfredo de Leon. *Learning Histories: Democratic Dialogue Regional Project*, Working Paper 3. New York: United Nations Development Programme Regional Bureau for Latin America and the Caribbean, 2004.

Kleiner, Art. *The Age of Heretics: Heroes, Outlaws, and the Forerunners of Corporate Change*. NewYork: Doubleday,1996.

——. "The Man Who Saw the Future." *strategy+business* 30 (2003).

Le Roux, Pieter, Vincent Maphai, et al. "The Mont Fleur Scenarios." *Deeper News* 7, no. 1 (1992).

Ndoro, Choice,et al. *The Great Zimbabwe Scenarios: A Map of Four Possible Futures*. Harare, Zimbabwe: The Great Zimbabwe Scenarios Project, 2012.

O'Brien, William. *Character at Work: Building Prosperity Through the Practice of Virtue*.

2003年）に収録の「ここからどこへ行くのか」．キングの考えは，パウル・ティリッヒの力と愛の定義に基づいている．すなわち，力とは「生けるものすべてが，次第に激しく，次第に広く，自己を実現しようとする衝動」，愛とは「切り離されているものを統一しようとする衝動」である．Paul Tillich, *Love, Power, and Justice: Ontological Analyses and Ethical Applications* (New York: Oxford University Press, 1954), 25-26を参照．『ティリッヒ著作集 第9巻 存在と意味』（大木英夫訳，白水社，1978年）に収録の「愛・力・正義」．

10. Kahane, *Power and Love*, 88-91（カヘン『未来を変えるためにほんとうに必要なこと』152-155ページ）を参照．

chapter 2, verse 47.

4. Juan Manuel Santos, "Presentacion" [Presentation], in Adam Kahane, *Poder y Amor: Teoria y Practica para el Cambio Social* [Power and Love: A Theory and Practice of Social Change] (La Paz, Bolivia: Plural, 2011), 14.
5. De Leon and Diez, "A Treasure to Be Revealed," 58.
6. 同書，61.
7. Rettberg, *Destino Colombia*, 70.
8. De Leon and Diez, "A Treasure to Be Revealed," 51.
9. アンタナス・モックスとの個人的意見交換（2007 年）.
10. Santos, "Palabras del Presidente Juan Manuel Santos."
11. Jeroen van der Veer, "Exploring the Reasons for Strategic Change," speech at the European Universities Association conference at Erasmus University, Rotterdam, the Netherlands, November 20, 2008. Jeroen van der Veer, "Exploring the Reasons for Strategic Change," 2008 年 11 月 20 日エラスムス大学（オランダ，ロッテルダム）で開催されたヨーロッパ大学協会（EUA）会議でのスピーチ.

第 9 章　社会変革のインナーゲーム

1. The Inner Game (www.theinnergame.com) 共同の社会変革のプロセスはチーム・スポーツのようなものだと指摘してくれたザイド・ハッサンに感謝する.
2. ジェフ・バーナムとの個人的意見交換（2012 年）.
3. Winston Churchill, "The Russian Enigma," BBC broadcast, October 1,1939.
4. Andre Gide, *The Counterfeiters: A Novel* (NewYork: Vintage, 1973), 353. 『贋金つかい』アンドレ・ジッド著『アンドレ・ジッド代表作選 第 5 巻』（アンドレ・ジッド著，若林真訳，慶應義塾大学出版会，1999 年）
5. Otto Scharmer explains this with reference to the thinking of Francisco Varela in *Theory U*, 36. オットー・シャーマーは『U 理論』57 ページでフランシスコ・J・ヴァレラの考え方を引用してこれを説明している.
6. ベティー・スー・フラワーズとの個人的意見交換（1991 年）.
7. 次の文献を参照. Charles Hampden-Turner, *Charting the Corporate Mind* (New York Blackwell Publishing, 1993), および Barry Johnson, *Polarity Management: Identifying and Managing Unsolvable Problems* (Amherst, MA: HRD Press, 1996).
8. Kahane, *Power and Love*（カヘン『未来を変えるためにほんとうに必要なこと』）を参照.
9. キングは次の文献でこのように述べている. Martin Luther King Jr.,"Where Do We Go from Here?" in *A Call to Conscience: The Landmark Speeches of Dr. Martin Luther King, Jr.*, ed. Clayborne Carson and Kris Shepherd (New York: Grand Central Publishing, 2002), 186 『私には夢がある——M・L・キング説教・講演集』（クレイボーン・カーソン，クリス・シェパード編，梶原寿監訳，新教出版社，

第6章　ステップ④ 何ができ、何をなさねばならないか発見する

1. Mamphela Ramphele et al., *The Dinokeng Scenarios: Three Futures for South Africa* (Johannesburg, South Africa: Dinokeng Scenarios, 2009).
2. Coates et al., *An Invitation to Participate in a Strategic Dialogue*.
3. このポイントはビル・トルバートが私に指摘したことである.

第7章　ステップ⑤ システムの変革をめざして行動する

1. Trevor Manuel, speech to the AGRISA Conference on New Challenges in Agriculture, Stellenbosch, South Africa, February 21,2012.　トレヴァー・マニュエル，農業の新課題に関するAGRISA会議でのスピーチ（南アフリカ，ステレンボス，2012年2月12日）.
2. 未刊行プロジェクト文書（2010年）.
3. Mamphela Ramphele, speech at the launch of the North Star Scenarios, East London, South Africa, April 26,2012.　マンフェラ・ランフェレ，「ノース・スター・シナリオ」開始に際してのスピーチ（南アフリカ，イーストロンドン，2012年4月26日）.
4. ラーズ・フランクリンとの個人的意見交換（2000年）.
5. Diez, "Building Bridges of Trust," 99-100.
6. 同書，102.
7. Evan Osnos, "The Next Incarnation," *New Yorker*, October 4, 2010, 71.

第8章　新しいストーリーが新しい現実を生み出す

1. Gil Scott-Heron, in *Gil Scott-Heron: Black Wax*, film by Robert Mugge, 1982.　ギル・スコット＝ヘロン，1982年ロバート・マッジ監督ライブ映画『ギル・スコット＝ヘロン：ブラック・ワックス』より.
2. 次の文献を参照. Manuel Jose Carvajal et al.,"Destino Colombia: A Scenario-Planning Process for the New Millennium," *Deeper News* 9, no. 1(1998); Angelika Rettberg, *Destino Colombia: Cronica y evaluacion de un ejercicio de participacion de lideres de la sociedad civil en el diseno de escenarios futuros*［デスティノ・コロンビア——市民社会のリーダーたちによる未来シナリオの設計演習の記録と評価］(Bogota, Colombia: Ediciones Uniandes, 2006); Alfredo de Leon and Elena Diez Pinto, "A Treasure to Be Revealed: Destino Colombia,1997-2000," in Kaufer et al., *Learning Histories*; および Juan Manuel Santos, "Palabras del Presidente Juan Manuel Santos en la presentacion del libro Poder y Amor de Adam Kahane"［カヘン *Power and Love* 出版発表に際してのフアン・マヌエル・サントス大統領のスピーチ］, Bogota, Colombia, February 21,2012.
3. Eknath Easwaren, trans., *The Bhagavad Gita* (Tomales, CA: Nilgiri Press, 1998),

来を変えるためにほんとうに必要なこと』，70-73，86-91，191-207 ページ）も参照.

3. Elena Diez Pinto, "Building Bridges of Trust," 45.
4. 同書，47.
5. Daniel Coates et al., "An Invitation to Participate in a Strategic Dialogue about Canada's Future" (Almonte, Ontario, Canada: The Scenarios for the Future Project, 1998).
6. 次の文献を参照. Ofer Zalzberg, *EU Partnership for Peace—Israeli Track* (London: Oxford Research Group, 2009), および Kahane, *Power and Love*, 75-87（カヘン『未来を変えるためにほんとうに必要なこと』，132-149 ページ）.
7. Zalzberg, *EU Partnership for Peace*, 1.
8. トーヴァ・アヴァブーフとの個人的意見交換（2008 年）.
9. William Gibson,"The Science in Science Fiction," *Talk of the Nation*, National Public Radio, November 30, 1999.
10. Hardin Tibbs, "Pierre Wack: A Remarkable Source of Insight," *Netview* 9 (1998), 8.
11. 私はこの定式をルイ・ヴァン・デル・マーヴェから教わった.
12. Kleiner, "The Man Who Saw the Future," 2.
13. すぐれたツールの一つは，レゴ・シリアス・プレイ（Lego Serious Play）である．その使い方を私はパー・クリスチャンセンから教わった.
14. Peter Senge, *The Fifth Discipline: The Art & Practice of the Learning Organization* (NewYork: Broadway Business, 2006)（『学習する組織――システム思考で未来を創造する』ピーター・M・センゲ著，枝廣淳子，小田理一郎，中小路佳代子訳，英治出版，2011 年）を参照.

第 5 章　ステップ③ 何が起こりうるかについてストーリーを作成する

1. 未刊行プロジェクト文書（2011 年）.
2. Paula Cristina Roque and Paul-Simon Handy, *Sudan Scenarios to Strategies Workshop* (Pretoria, South Africa: Institute for Security Studies, 2010).
3. 同書，3
4. シナリオ作成のさまざまな手法は次の文献で詳述されている．van der Heijden, *Scenarios*（ヴァン・デル・ハイデン『シナリオ・プランニング』）; Schwartz, *The Art of the Long View*（シュワルツ『シナリオ・プランニングの技法』），および Lawrence Wilkinson, "How to Build Scenarios," *Wired* (September 1995).
5. 適応型シナリオ・プランニングではインパクトがあり，予測できない不確実なことを扱うが，変容型シナリオ・プランニングでは，インパクトがあり，予測できず，なおかつ影響を及ぼせる余地のある不確実なことを扱う．アントニオ・アラニバルのおかげで，この重要な違いを見抜くことができた.
6. Wilkinson and Kupers, *Re-perceiving Scenarios* を参照.

Community of Practitioners, Consultants and Researchers," in Peter Reason and Hilary Bradbury, eds., *Handbook of Action Research: Participative Inquiry and Practice* (Thousand Oaks, CA: Sage Publications, 2001), 23.

2. 私は問題と問題ある状況の決定的な違いをキース・ヴァン・デル・ハイデンから教わった.
3. ブライアン・アーサーは，新しいテクノロジーは既存のものの新しい，思いもよらない組み合わせから生まれると言う．W. Brian Arthur, *The Nature of Technology: What It Is and How It Evolves* (New York: Free Press, 2009)（『テクノロジーとイノベーション——進化／生成の理論』W・ブライアン・アーサー著，有賀裕二監修，日暮雅通訳，みすず書房，2011 年）を参照.
4. この器の原則は次の文献で説明されている．Crane Wood Stookey, *Keep Your People in the Boat: Workforce Engagement Lessons from the Sea* (Halifax: Nova Scotia: ALIA Press, 2012).
5. Uプロセスは次の文献で概説されている．Peter Senge et al., P*resence: Human Purpose and the Field of the Future* (New York: Broadway Business, 2008)（『出現する未来』ピーター・センゲほか著，野中郁次郎監訳，高遠裕子訳，講談社，2006 年），および Otto Scharmer, *Theory U: Leading from the Future as It Emerges* (San Francisco: Berrett-Koehler Publishers, 2009)（『U 理論——過去や偏見にとらわれず、本当に必要な「変化」を生み出す技術』C・オットー・シャーマー著，中土井僚，由佐美加子訳，英治出版，2010 年）. 私は U プロセスについてジェフ・バーナムからも教わった.
6. ビル・オブライエンとの個人的意見交換（2000 年）. William O'Brien, *Character at Work: Building Prosperity Through the Practice of Virtue* (Boston: Paulist Press, 2008) も参照.

第 3 章　ステップ① システム全体からチームを招集する

1. Choice Ndoro et al., *The Great Zimbabwe Scenarios: A Map of Four Possible Futures* (Harare, Zimbabwe: The Great Zimbabwe Scenarios Project, 2012) を参照.
2. 未刊行プロジェクト文書（2011 年）.

第 4 章　ステップ② 何が起きているか観察する

1. Commission for Historical Clarification, *Guatemala: Memory of Silence—Report of the Commission for Historical Clarification* (Washington, DC: American Association for the Advancement of Science, 1999) を参照.
2. 次の文献を参照．Elena Diez Pinto et al., *Los Escenarios del Futuro*［未来のシナリオ］(Guatemala City, Guatemala: Vision Guatemala,1999), および Elena Diez Pinto, "Building Bridges of Trust: Vision Guatemala, 1998-2000," in Kaufer et al., *Learning Histories*. Kahane, *Power and Love*, 32-35, 42-46, and 113-27（カヘン『未

第1章　必要に迫られて生まれた発明

1. 次の文献を参照. van der Heijden, *Scenarios*（ヴァン・デル・ハイデン『シナリオ・プランニング』）; Art Kleiner, *The Age of Heretics: Heroes, Outlaws, and the Forerunners of Corporate Change* (New York: Doubleday, 1996) と "The Man Who Saw the Future," *strategy+business* 30 (2003); Pierre Wack, "Scenarios: Shooting the Rapids," *Harvard Business Review* 63, no. 6 (1985) と "Scenarios: Uncharted Waters Ahead," *Harvard Business Review* 63, no. 5 (1985); および Angela Wilkinson and Roland Kupers, *Re-perceiving Scenarios: The Evolution of the Gentle Art in Shell 1965-2010*, ed. Betty Sue Flowers (2012).
2. Clem Sunter, *The World and South Africa in the 1990s* (Cape Town, South Africa: Tafelberg, 1987).
3. 次の文献を参照. Pieter le Roux, Vincent Maphai, et al., "The Mont Fleur Scenarios," *Deeper News* 7, no. 1 (1992); Nick Segal, *Breaking the Mould: The Role of Scenarios in Shaping South Africa's Future* (Stellenbosch, South Africa: Sun Press, 2007); および Glennifer Gillespie, "The Footprints of Mont Fleur: The Mont Fleur Scenario Project, SouthAfrica, 1991-1992," in Kaufer et al., *Learning Histories.*
4. 未刊行プロジェクト文書（2000年).
5. 未刊行プロジェクト文書（2000年).
6. Gillespie, "The Footprints of Mont Fleur,"36.
7. Le Roux et al., "The Mont Fleur Scenarios."
8. Segal, *Breaking the Mould*, 49.
9. ピーター・ル・ルーとの個人的意見交換（2012年).
10. Gillespie,"The Footprints of Mont Fleur," 41.
11. ピーター・ル・ルーとの個人的意見交換（2012年).
12. Allister Sparks, *Beyond the Miracle: Inside the NewSouth Africa* (Johannesburg, South Africa: Jonathan Bell Publishers,2003), 170.
13. 未刊行プロジェクト文書（2000年).
14. Clem Sunter, "The Icarus Scenario," news24.com, January 20, 2010.
15. ロブ・デイヴィスとの個人的意見交換（1992年).

第2章　未来への新しい取り組み方

1. 私はここでダイナミックな複雑性，社会的な複雑性，生成的な複雑性の結果について述べている．次の文献を参照．Adam Kahane, *Power and Love: A Theory and Practice of Social Change* (San Francisco: Berrett-Koehler Publishers, 2009), 5（『未来を変えるためにほんとうに必要なこと——最善の道を見出す技術』アダム・カヘン著，由佐美加子監訳，東出顕子訳，英治出版，2010年，29ページ）および Peter Senge and Otto Scharmer,"Community Action Research: Learning as a

原注

はじめに

1. 適応型シナリオ・プランニング法は次の文献で説明されている．Jeremy B. Bentham et al., *Scenarios: An Explorer's Guide* (The Hague: Shell International, 2008); Thomas Chermack, *Scenario Planning in Organizations: Howto Create, Use, and Assess Scenarios* (San Francisco: Berrett-Koehler Publishers, 2011); Rafael Ramirez, John W. Selsky, and Kees van der Heijden, eds., *Business Planning for Turbulent Times: New Methods for Applying Scenarios* (London: Routledge, 2010); Diana Scearce and Katherine Fulton, *What If?: The Art of Scenario Thinking for Nonprofits* (San Francisco: Global Business Network, 2004); Peter Schwartz, *The Art of the Long View: Planning for the Future in an Uncertain World* (New York: Currency, 1996)（『シナリオ・プランニングの技法』ピーター・シュワルツ著，垰本一雄・池田啓宏訳，東洋経済新報社，2000 年）; Chantell Ilbury and Clem Sunter, *Mind of a Fox: Scenario Planning in Action* (Cape Town, South Africa: Human & Rousseau, 2001); Kees van der Heijden, *Scenarios: The Art of Strategic Conversation* (Chichester,WestSussex, England: John Wiley & Sons,1996)（『シナリオ・プランニング――戦略的思考と意思決定』キース・ヴァン・デル・ハイデン著，西村行功訳，グロービス監訳，ダイヤモンド社，1998 年）; および Kees van der Heijden et al., *The Sixth Sense: Accelerating Organizational Learning with Scenarios* (Chichester, West Sussex, England: John Wiley & Sons, 2002)（『入門シナリオ・プランニング――ゼロベース発想の意思決定ツール』キース・ヴァン・デル・ハイデンほか著，西村行功訳，ダイヤモンド社，2003 年）.

   変容型（トランスフォーマティブ）・シナリオ・プランニング法は次の文献で言及されている．Barbara Heinzen, *Feeling for Stones: Learning and Invention When Facing the Unknown* (London: Barbara Heinzen, 2006); Barbara Heinzen, *How Do Societies Learn?* (London: Barbara Heinzen, 2009); Barbara Heinzen, ed., *Surviving Uncertainty*, Society for International Development, *Development* 47, no. 4 (2004); Katrin Kaufer, "Learning from the Civic Scenario Project: A Tool for Facilitating Social Change?" in Katrin Kaufer et al., *Learning Histories: Democratic Dialogue Regional Project*, Working Paper 3 (New York: United Nations Development Programme Regional Bureau for Latin America and the Caribbean, 2004); James A. Ogilvy, *Creating Better Futures: Scenario Planning as a Tool for a Better Tomorrow* (New York: Oxford University Press, 2002); および Angela Wilkinson and Esther Eidenow, "Evolving Practices in Environmental Scenarios: A New Scenario Typology," *Environmental Research Letters* 3 (2008).

［著者］アダム・カヘン　Adam Kahane

レオス・ノース・アメリカ社会長。レオス（www.reospartners.com）は企業、政府、市民社会が複雑な社会課題に取り組む支援を行う社会企業である。1990年代前半ロイヤル・ダッチ・シェル社にて社会・政治・経済・技術に関するシナリオチームの代表を務める。他にパシフィック・ガス・アンド・エレクトリック社、OECD（経済協力開発機構）、応用システム分析国際研究所、日本エネルギー経済研究所、ブリティッシュ・コロンビア大学、カリフォルニア大学、オックスフォード大学、トロント大学、ウェスタン・ケープ大学で戦略立案や調査研究に従事した。1991～92年南アフリカで、多様な利害関係者によるグループが民主主義への移行実現に向けて協働するモン・フルー・シナリオ・プロジェクトに参画。以来、企業、政府、市民セクターなどが協働で社会課題解決にあたるプロセスのオーガナイザー、デザイナー、ファシリテーターとして、これまで50カ国以上で活躍している。グローバル・ビジネス・ネットワーク、インターナショナル・フューチャーズ・フォーラム、世界芸術科学アカデミーのメンバー。カリフォルニア大学バークレー校エネルギー・資源経済学修士、バスティア大学応用行動科学修士を取得し、ハーバード大学ロースクールで交渉術を、マルグリット・ブールジョワ学院でチェロを学ぶ。著書に『手ごわい問題は、対話で解決する』（ヒューマンバリュー）、『未来を変えるためにほんとうに必要なこと』（英治出版）がある。妻のドロシーと家族とともにケープタウンおよびモントリオールに在住。

［監訳者］小田理一郎　Riichiro Oda

チェンジ・エージェント代表取締役社長兼CEO。オレゴン大学経営学修士（MBA）修了。多国籍企業経営を専攻し、米国企業で10年間、製品責任者・経営企画室長として、営業、生産、サプライ・チェーン、開発など組織横断での業務変革・組織変革に取り組む。2005年チェンジ・エージェント社（change-agent.jp）を設立し、人財開発、組織開発・組織学習、CSR経営などでコンサルティングを展開し、組織横断での社会課題解決のプロセスデザインやファシリテーションに従事する。組織学習協会（SoL）ジャパン代表、グローバルSoL理事を務め、日本でのシステム思考、ダイアログ、U理論などの普及推進を図っている。共著に『なぜあの人の解決策はいつもうまくいくのか?』『もっと使いこなす!「システム思考」教本』（以上、東洋経済新報社）など、共訳書にピーター・M・センゲ『学習する組織』（英治出版）、ジョン・D・スターマン『システム思考』（東洋経済新報社）。

［訳者］東出顕子　Akiko Higashide

翻訳家。津田塾大学学芸部国際関係学科卒業。主にノンフィクションの翻訳を手がける。訳書にフランシス・ウェストリーほか『誰が世界を変えるのか』、マーガレット・J・ウィートリー『リーダーシップとニューサイエンス』、アダム・カヘン『未来を変えるためにほんとうに必要なこと』（以上、英治出版）、ガイアブックスの『アナトミィ』シリーズ、ドン・キャンベルほか『能力と健康を高める音、壊す音』（アスキー・メディアワークス）などがある。

● 英治出版からのお知らせ

本書に関するご意見・ご感想を E-mail（editor@eijipress.co.jp）で受け付けています。
また、英治出版ではメールマガジン、Web メディア、SNS で新刊情報や書籍に関する記事、イベント情報などを配信しております。ぜひ一度、アクセスしてみてください。

メールマガジン：会員登録はホームページにて
Web メディア「英治出版オンライン」：eijionline.com
ツイッター：@eijipress
フェイスブック：www.facebook.com/eijipress

社会変革のシナリオ・プランニング

対立を乗り越え、ともに難題を解決する

発行日	2014 年 11 月 15 日　第 1 版　第 1 刷
	2022 年 10 月 15 日　第 1 版　第 3 刷
著者	アダム・カヘン
監訳者	小田理一郎（おだ・りいちろう）
訳者	東出顕子（ひがしで・あきこ）
発行人	原田英治
発行	英治出版株式会社
	〒150-0022 東京都渋谷区恵比寿南 1-9-12 ピトレスクビル 4F
	電話　03-5773-0193　　FAX　03-5773-0194
	http://www.eijipress.co.jp/
プロデューサー	高野達成
スタッフ	藤竹賢一郎　山下智也　鈴木美穂　下田理　田中三枝
	安村侑希子　平野貴裕　上村悠也　桑江リリー　石﨑優木
	渡邉吏佐子　中西さおり　関紀子　齋藤さくら　下村美来
印刷・製本	大日本印刷株式会社
装丁	英治出版デザイン室

ISBN978-4-86276-185-9　C0034　Printed in Japan

世界の経営学者はいま何を考えているのか　知られざるビジネスの知のフロンティア

入山章栄著　本体 1,900 円+税

ドラッカーなんて誰も読まない!?　ポーターはもう通用しない!?　若手経営学者が世界レベルのビジネス研究の最前線をわかりやすく紹介。競争戦略、イノベーション、組織学習、ソーシャル・ネットワーク、M&A、グローバル経営……知的興奮と実践への示唆に満ちた全 17 章。

Personal MBA　学び続けるプロフェッショナルの必携書

ジョシュ・カウフマン著　三ツ松新監訳　渡部典子訳　本体 2,600 円+税

スタンフォード大学でテキスト採用され、セス・ゴーディンが「文句なしの保存版!」と絶賛する、世界 12 カ国翻訳の「独学バイブル」。マーケティング、価値創造、ファイナンス、システム思考、脳科学、心理学、モチベーション……実務経験と数千冊に及ぶビジネス書のエッセンスを凝縮。

イシューからはじめよ　知的生産の「シンプルな本質」

安宅和人著　本体 1,800 円+税

「やるべきこと」は 100 分の1になる!　「脳科学×マッキンゼー×ヤフー」のトリプルキャリアが生み出した究極の問題設定&解決法とは。コンサルタント、研究者、マーケター、プランナー等プロフェッショナルのための思考術をわかりやすく解説。10 万部突破のベストセラー。

問題解決　あらゆる課題を突破するビジネスパーソン必須の仕事術

高田貴久、岩澤智之著　本体 2,200 円+税

ビジネスとは問題解決の連続だ。その考え方を知らなければ、無益な「目先のモグラたたき」を繰り返してしまう――。日々の業務から経営改革まで、あらゆる場面で確実に活きる必修ビジネススキルの決定版テキスト。有名企業が続々導入する人気講座を一冊に凝縮。

ロジカル・プレゼンテーション　自分の考えを効果的に伝える 戦略コンサルタントの「提案の技術」

高田貴久著　本体 1,800 円+税

ロジカル・プレゼンテーションとは、「考える」と「伝える」が合わさり、初めて「良い提案」が生まれるという意味。著者が前職の戦略コンサルティングファームで日々実践し、事業会社の経営企画部員として煮詰めた「現場で使える論理思考」が詰まった一冊。